सुखी और

सम्रध्द जीवन

के रहस्य

भाग - 1

लेखक – शिवकुमार रावल

प्रस्तावना

जब हम सुखी और सम्रध्द जीवन की बात करते हैं तो सबसे पहली प्राथमिकता हमारा स्वास्थ्य है, और उसके बाद जीवन यापन और सपने पूरे करने के लिये धन है। इसलिए हमें स्वास्थ्य को सर्वोपरि रखते हुये अपने कार्यों को करना होगा तभी हम उन्हें पूर्ण करते हुये सुखी और सम्रध्द जीवन की नींव रख सकते हैं

☀ विश्व में अनेक किताबें हैं पर मैंने एक ही पुस्तक में अनेक बिषय और उनके प्रश्नों के उत्तर के साथ जीवन के अलग-अलग उपयोगी विषयों पर प्रकाश डालने वाली पुस्तक का अभाव देखा है। इसलिये इस पुस्तक में ऐसे विषयों पर चर्चा की गई है जो हमारे सुखी और संम्रध्द जीवन के लिए अति आवश्यक हैं ।

पुस्तक में दिए गए सफलता के मंत्रौं को अगर आप अपने जीवन में उतारते हैं तो फिर आप निश्चित ही सुखी और समृध्द जीवन के हकदार बनेंगे ।

☀ दुनियाँ भर में अनेक महान लेखकों ने बहुत ही शानदार पुस्तकें लिखी हैं मगर सैकडौं और बड़ी-बड़ी पुस्तकें हर किसी के लिए पढ़ना शायद संभव न हो इसी को ध्यान में रखते हुए संक्षेप और सरल भाषा में आप तक ज्ञान का यह निचोड़ इस आशा के साथ पहुंचा रहा हूं कि आप इसे पढ़ और समझ कर अपने जीवन में उतारेंगे और अपने जीवन को प्रगति के मार्ग पर ले जाते हुए एक सुखी और संपन्न जीवन जी सकेंगे

दोस्तो मुझे आशा है कि आपको पुस्तक अवश्य पसंद आएगी पसंद आए तो आप अपने मित्र और परिचितों को भी पढ़ने के लिए प्रेरित करें जिससे वह भी इससे लाभ उठा सकें तो चलिए दोस्तों चलते हैं इस ज्ञानवर्धक सफर पर और इस किताब को पढ़िए समझिए और अपने जीवन में इन बातों को उतारिए और हां इस किताब के बारे में अपनी राय और प्रतिक्रिया हमें अवश्य प्रदान करें   मैं आपके सुखी और सम्रध्द जीवन की कामना करता हूं धन्यवाद ।

प्रथम संस्करण

वर्ष 2026

चेतावनी और आग्रह

हां बुक रिव्यू और शार्ट बुक समरी को प्रकाशित करने वालों का सम्मान करते हैं ऐसा करने की अनुमति है मगर आपसे यह आशा और आग्रह होगा कि कृपया पुस्तक के संबंध में सकारात्मक विचार जनता तक पहुंचाएं और बताएं जिससे लोग लाभ उठा सकें धन्यवाद 🙏

लेखकः शिव कुमार रावल
Email: naturalnature242@gmail.com
Shiv Kumar C/O Dalvir Singh Rawal
Mahamai Salavat Nagar
Sikandra Rao. Hathras
Uttar Pradesh. India
Pin : 204215

विषय सूची

अध्याय 1

सदा सकारात्मक रहें

सफलता के लिए सकारात्मकता बहुत जरुरी है जी हां हमें अपने लक्ष्यों को प्राप्त करने के लिए सकारात्मक सोच को अपने अंतर मन में समाहित रखना ही होगा। जीवन में अनेकों बार हमें निराशा और कठिनाइयों का अनुभव होगा पर हमें याद रखना होगा कि हर काली रात के बाद एक सुहानी सुबह जरूर आती है गुलाब के कांटो भरे पेड़ पर ही सुगंधित और सुंदर फूल भी होते हैं ।

कभी यह न सोचें कि मेरे ही साथ ऐसा क्यों होता है यह जीवन का एक अभिन्न अंग है और अधिकतर लोगों के साथ ऐसा होता ही है सफलता की राह में कठिनाइयां आती ही हैं इनसे मत घबराओ चलो उठो दौड़ो और सफलता का परचम लहराओ।

संघर्ष सफलता का एक अभिन्न अंग है

अगर आपके जीवन में संघर्ष नहीं है तो फिर बिना संघर्ष के मिलने वाली सफलता का स्वाद वह नहीं होगा जो सफलता का स्वाद संघर्ष के बाद मिलता है अगर आप जीवन में संघर्ष कर रहे हैं तो समझ लो कि आपको ईश्वर ने कुछ बड़ा करने देने के लिए चुन लिया है संघर्ष ही तो आपकी परीक्षा है ट्रेनिंग है अगर आप इससे डर और घबराकर मेहनत और प्रयास

करना छोड़ देते हैं तो फिर सफलता कैसे मिलेगी, संघर्ष का डटकर मुकाबला करना है कठिनाइयों का हल निकालना है और आगे बढ़ते जाना है जीवन की इस दौड़ में एक दिन विजय आपकी होगी।

संघर्ष और असफलता की बहन है सफलता

हम आप और हर कोई जीवन में सफल होना चाहते हैं और जब हम इस सफलता नाम की सुंदर लड़की से शादी करना चाहते हैं तब यह खबर सफलता के परिवार को पता चलती है तो सफलता के पिता परिश्रम माता खुशी उस व्यक्ति के पास अपने पुत्र संघर्ष और पुत्री असफलता को उसकी परीक्षा लेने के लिए भेजते हैं यह जांचने के लिए कि क्या यह व्यक्ति हमारी बेटी सफलता के लायक है या नहीं और फिर शुरू होती है आपकी असली परीक्षा

और फिर कुछ ऐसी अप्रत्याशित घटनाएं आपके साथ होती हैं जैसे -

1 - आप सब कुछ सही करते हैं फिर भी गलत हो जाता है

2 - आप सभी नियम और कानून मानकर कार्य करते हैं फिर भी पूर्ण नहीं होता है।

3 - आपका सबसे विश्वासी व्यक्ति भी आपको धोखा दे देता है।

4 - सब कुछ सही था बस आप ट्रैफिक में फंस गए और लेट हो गए और आपके हाथ से एक बड़ी नौकरी या बिजनेस निकल गया

5 - पैसे आपके पास थे लेकिन अचानक किसी ने आपसे पैसे मांग लिए और फिर वक्त पर नहीं दिए और आपका काम खराब हो गया

6 - जब सब कुछ सही था मगर आपका कोई अपना ही आपके विरोध में खड़ा हो गया

7 - विदेश जाने की पूरी तैयारी थी मगर ऐन वक्त पर वीजा पर रोक लग गई या फ्लाइट कैंसिल हो गई कोई युध्द छिड़ गया और आप नहीं जा पाए।

8 - सब कुछ सही था मगर कोई ऐसा व्यक्ति मिल गया जिसने नकारात्मक बातें बताकर आपको बहका दिया और आप उसकी बात मानकर बहक गये और काम पूरा नहीं हुआ

9 - पढ़ाई लिखाई और कैरियर बनाने की उम्र में लोग किसी पुरूष या महिला के प्रेम में ऐसे पड़े कि सब कुछ भूल गये

10 - सब कुछ सही से चल रहा था अचानक किसी दोस्त ने नशे जुआ आदि का चस्का लगा दिया और उस व्यक्ति ने उसमें पड़ कर जीवन बर्बाद कर दिया।

☀ ऐसे अनेक उदाहरण हैं जब लोगों के बने बनाये काम बिगड़ गए सही रास्ते पर चलने वाले अच्छे व्यक्ति अचानक गलत रास्ते पर चलकर भटक गये और गलत कहलाए ।

यह सब आपके साथ हो तो घबरायें नहीं और समझ जायें कि यही सफलता के भाई बहन संघर्ष, श्रम, संयम , नियम और बहन असफलता की परीक्षा है ।

जो व्यक्ति ऐसी परेशानियों का सामना डटकर करता है एक मौका निकल जाने पर दूसरा मौका देखता है और परिश्रम करता है अपने लक्ष्य को ध्यान में रखता है एक लक्ष्य प्राप्त ना भी हो तो सफलता के लिए फिर से योजना बनाकर नए लक्ष्य निर्धारित करके उसे पाने के लिए निकल पड़ता है सदा सकारात्मक सोचता है किसी के बहकावे में नहीं आता और अपना काम पूरी ईमानदारी और लगन के साथ करता है और कभी नियम संयम और परिश्रम को नहीं छोड़ता तो फिर संघर्ष नाम का भाई घुटने टेक

देता है, असफलता नाम की बहन समझ लेती है कि यह व्यक्ति मेरी बहन सफलता के लायक योग्यवर है अब इसे अपनी बहन सफलता से मिलाना ही होगा।

और फिर एक दिन सब कुछ अचानक से आपके जीवन में सही होने लगता है सब कार्य बनना शुरू हो जाते हैं फिर परिणाम बेहतर आने लगते हैं। आप भी महसूस करने लगते हैं की परिस्थितियां अब बदल रही हैं और फिर आप एक सफल और कामयाब व्यक्ति कहलाते हैं।

दोस्तों यह सब तभी संभव हो पाता है जब आप सकारात्मक रहते हुए हर मुश्किल का मुकाबला करते हैं इसीलिए डटे रहिए टिके रहिए सकारात्मक बने रहिए और अपना कार्य पूर्ण ईमानदारी और लगन के साथ करते रहिए सफलता को एक दिन आपके पास आना ही होगा।

सकारात्मक सोच और नजरिया पैदा करें

दोस्तों सकारात्मक नजरिया बनाए रखना आसान नहीं अपने आपको मोटिवेट रखते हुए सकारात्मक सोच को बनाए रखने के लिए निम्नलिखित कार्य अवश्य करें -

अपने ईश्वर से हर रोज प्रार्थना करें और सकारात्मक बने रहने की ताकत मांगें आप अपने फोन में सकारात्मक और मोटिवेट करने वाले गीत, कहानी,वीडियो,पाडकास्ट,पीडी एफ बुक, आदि रखें और प्रतिदिन कुछ ना कुछ पढें सुनें यूट्यूब , फेसबुक आदि सोशल मीडिया पर अपने फील्ड से जुड़े मोटिवेशन एजुकेशन और सकारात्मकता से भरे वीडियो देखें।

अपने आपको कभी किसी से कम ना आंकें में तो कहता हूं कि किसी से तुलना ही ना करें आप सबसे अलग और अच्छे हैं।

घर परिवार में कामयाब लोगों की हिम्मत मेहनत और कामयाबी से भरी कहानियों पर चर्चा करें ।

दोस्तों के साथ अच्छी और सकारात्मक चर्चा करें और नकारात्मक दोस्त और लोगों से दूर रहें ।

किसी व्यक्ति के बारे में किसी एक व्यक्ति के कहने से नकारात्मक धारणा ना बनाएं हो सकता है वह दूसरा व्यक्ति अपने फायदे के लिए आपको उसके खिलाफ भड़काता हो कार्यस्थल से लेकर मार्ग तक आपको हर रोज कुछ ना कुछ गलत नकारात्मक और हिंसात्मक व्यक्ति मिलेंगे ही उनसे बचते बचाते अपने घर में घुसने से पहले सभी नकारात्मक बातों को बाहर थूक कर मेरा मतलब है भूलकर घर में घुसें ।

अच्छी और ज्ञानवर्धक किताबें अवश्य पढ़ें क्योंकि किताबें सदियों से मनुष्य की सबसे अच्छी दोस्त रही हैं। दुनियाँ के बड़े और महान लोग किताबें पढ़कर स्वाध्याय करके ही कामयाब हुये हैं।

नियम संयम और सच्चाई का रास्ता अपनायें और अपने को इनसे बचायें

चाहे आप जीवन की शुरूआत में हों या वित्तीय रूप से आजाद हों आपको नियम संयम और सच्चाई का रास्ता अपनाना ही होगा। कुछ लोग आपके मित्र, शत्रु, प्रेमी या प्रेमिका बनकर आपसे मिलेंगे भिड़ेंगे और आपको बरबाद करने का भरसक प्रयास करेंगे इसलिये ऐसे लोगों से बचकर रहना ही होगा हमारे बुजुर्गों ने बहुत पहले ही यह कहा है कि कामयाबी के **लिये हाथ का सच्चा और लंगोट का पक्का होना जरूरी है** इसलिये धन के लेन देन में ईमानदारी दिखायें और अपने

आपको किसी भी अवैध संम्बंध से भी बचायें। मैं एक बार फिर आपके सुखी और समृध्द जीवन की कामना करता हूं धन्यवाद।

करम तुम्हें करने ही होंगे संघर्षों को झेल
तुम हो यहां खिलाडी प्यारे जीवन है एक खेल

ऐसी अनेक प्रेरक रचनायें हमारे यूट्यूब इंस्टा और फेसबुक चैनल पर सुन और पढ़ सकते है चैनल लिंक पुस्तक के अंतिम पेज पर हैं।

अध्याय 2

☀ लक्ष्य निर्धारण करें ☀

जीवन के हर क्षेत्र में लक्ष्य निर्धारण की सर्वप्रथम और अति आवश्यकता है अगर हम एक सुखी और संपन्न जीवन की कामना रखते हैं तो हमें अपनी जरूरत और सपनों के आधार पर अपने लक्ष्य तय करने ही होंगे जैसे अगर हम अच्छी शिक्षा प्राप्त करना या अपने बच्चों को अच्छी शिक्षा प्राप्त कराना चाहते हैं तो हमें अच्छे शिक्षण संस्थाओं का चुनाव करना होगा।

ऐसे ही अगर हम किसी नौकरी या बिजनेस को करना चाहते हैं तो हमें उस क्षेत्र में जानकारी हासिल करके उसके अनुसार अपना कार्य करना होगा तभी हम सफल हो पाएंगे अनेकों लोग जिंदगी के इस सफर को उस गाड़ी की तरह काट देते हैं जिसमें वह बैठ तो जाते हैं मगर उन्हें यह नहीं पता कि यह गाड़ी कहां जा रही है और उन्हें कहां जाना है।

अगर आपने अभी तक अपना लक्ष्य तय नहीं किया है तो सर्वप्रथम अपना लक्ष्य लिखें और अपने बच्चों से भी ऐसा ही करवायें जब आपकी दिशा और दशा तय हो जाती है तो फिर उस लक्ष्य को पाने के लिए प्रयास शुरू कर दें।

लक्ष्यों को तेजी से अपनी ओर खींचें

तेजी से लक्ष्य प्राप्ति के लिए आप हर रोज कार्य करें और अगर आप किसी कार्य के साथ साथ पार्ट टाइम दूसरे कार्य को कर रहे हैं तो फिर आपको अपने काम से अतिरिक्त समय निकालकर उसको देना ही होगा। कोई भी लक्ष्य हो उसे हर रोज ध्यान में रखना है उस पर कार्य करना है और दीर्घकालीन लक्ष्यों के लिये 24 घंटे में कम से कम चार से छह बार या सप्ताह में 25 से 50 बार अपने लक्ष्य का मनन जरूर करें या उसकी फोटो देखें या उसे पढ़ें इससे होगा यह कि आपकी लक्ष्य पाने की तीव्रता बढ़ेगी उसे आप भूलेंगे नहीं बहुत सारे लोग अपने लक्ष्यों की अपने शयन कक्ष में फोटो लगा देते हैं इससे उन्हें वह हर रोज दिखती है यह तकनीक लाखों कामयाब लोगों ने अपना कर अपने लक्ष्यों को प्राप्त किया है। आप भी ऐसा कर सकते हैं तो देर न करते हुए अपने सपनों को साकार करने के लिए अपने लक्ष्यों को तय करें और उन्हें पाने के लिए जी जान से जुट जायें सफलता आपका इंतजार कर रही है।

आपके कुछ संभावित लक्ष्य

आप निम्न में से अपनी पसंद और जरुरत के हिसाब से लक्ष्य चुन सकते हैं -

1 - अच्छी शिक्षा

2 - अपनी पसंदीदा नौकरी

3 - अपना पसंदीदा बिजनेश

4 - मनपसंद शादी

5 - मनचाही जगह घूमना

6 - सपनों का घर

7 - मनचाही गाड़ी

8 - अनचाहे काम से छुटकारा

9 - वित्तीय स्वतंत्रता

हमने उदाहरण के लिए यहां कुछ लक्ष्यों को इंगित किया है आप अपनी पसंद और ज़रूरत एवं सपनों के आधार पर अपना क्षेत्र चुनें और उस ओर कदम बढ़ाएं पूर्ण मनोयोग के साथ कार्य करने पर सफलता निश्चित है इतिहास से लेकर आज तक ऐसे कोई महापुरुष नहीं हुए हैं जो बिना लक्ष्य निर्धारण के सफल हुए हों इसलिए आपको सफलता हेतु सर्वप्रथम अपने लक्ष्य को निर्धारित करना ही होगा हां बाद में आप देश काल परिस्थिति और अपनी आवश्यकता के अनुसार इन लक्ष्यों में कुछ बदलाव कर सकते हैं पर यह बात बाद की है। पर अभी लक्ष्य निर्धारित करने के बाद उन्हें प्राप्त करने के लिए आपको निरंतर प्रयासरत रहना ही होगा तभी जाकर आप उन्हें प्राप्त कर पाएंगे।

सफलता के यह मंत्र याद रखें

1 - लक्ष्य तय करो

2 - कार्य योजना बनाओ

3 - काम शुरु करो

4 - और काम करते रहो

5 - लक्ष्य से भटकाने वालों से दूर रहो

उपरोक्त बातों को ध्यान में रखते हैं तो आप निश्चित ही अपने लक्ष्यौं की प्राप्ति कर पाएंगे। लक्ष्य निर्धारण करने का सबसे बड़ा फायदा यही है कि फिर आप इधर उधर भटकेंगे नहीं। हर रोज आपके सामने नई योजनाएं नए लोग नई बातें और अनेक लुभावने सपने दिखाने वाले आएंगे मिलेंगे दिखेंगे कुछ लोग आपके दोस्त बनकर कुछ दुश्मन बन कर आपको भटकाने की कोशिश करेंगे मगर आपके लक्ष्यों की ढाल हमेशा आपको बचायेगी आपके ध्यान में आपका लक्ष्य है इसलिए आप आगे बढ़ जाएंगे।

भारत रत्न महान सचिन तेंदुलकर जी से सीखें

लक्ष्य प्राप्ति पर सत्य कथायें सुनें पढें देश दुनियां में ऐसे अनेकों महापुरूषों के संघर्ष से सफलता तक की कहानियाँ हैं जिन्हें सुन पढ कर हमें अपने आपको प्रेरित करना चाहिये किस तरह उन्होंने कठिन मेहनत, लगन, और धैर्यपूर्वक साहस रखते हुये अपने कार्य को किया और दुनियां भर में नाम कमाया उदाहरण के लिये मास्टर ब्लास्टर के नाम से मशहूर, भारत रत्न, महान क्रिकेटर सचिन तेंदुलकर जी ने एक सामान्य परिवार और शैक्षणिक योग्यता के वावजूद कठिन परिश्रम, लगन, धैर्य, और साहस के दमपर क्रिकेट की दुनियां में ऐसे हजारों कीर्तिमान स्थापित कर दिये हैं जो आने वाली पीढियों को युगों युगों तक प्रेरित करते रहेंगे पर जब वह मात्र 16 साल के थे और भारत की टीम में चुनकर पाकिस्तान खेलने गये तो वहां के खिलाडियों ने उन्हें बच्चा समझकर उनका मजाक उड़ाया मैच के दौरान एक तेज गेंद उनकी नाक पर लगी और उनकी नाक से खून बह निकला ऐसे में साथी खिलाड़ियों ने तेंदुलकर जी को खेल

छोडकर आराम करने को कहा मगर उन्हौंने कहा कि **मैं खेलेगा** और अपने दर्द को दबाकर साहस को दिखाकर ऐसा खेले कि दुनियां ने दातों तले उगलियां दबा लीं यह सब लक्ष्य निर्धारण और उसपर पूर्ण विश्वास करके पूर्ण लगन और साहस के साथ मेहनत करने से ही संभव हुआ तो दोस्तो ऐसे महान लोगों से सीखिये और अपने जीवन की जंग जीतिये। धन्यवाद।

☀ आखिर आप घर पहुंच ही जाते हैं

जी हां आप किसी बड़े शहर को अपनी गाड़ी से जा रहे हैं और रास्ते में टायर पंचर हो गया पर आपने तो नई स्टेपनी लगाई और चल पड़े। पेट्रोल खत्म होने को है पर आपने पेट्रोल भरवा लिया और चल पड़े। आप भूखे हैं आपने खाना खा लिया और चल पड़े। रास्ते में भयंकर ट्रैफिक जाम मिला पर आप सभी मुश्किलों से निकलते हुए अपने गंतव्य पर पहुंच ही गए। क्यों किया आपने ऐसा क्योंकि आपने अपने लक्ष्य को ध्यान में रखा और आपको वहां पहुंचना ही था।

तो अगर आपको अपनी मेहनत का स्वाद चखना है तो बस यही नजरिया आपको अपने लक्ष्य के प्रति रखना है चलते रहो नहीं थकना है नहीं रूकना है।

समझदार को इशारा काफी होता है

अगर आप अपने लक्ष्य के प्रति सजगता रखते हैं और उसे पाने के लिए पूर्ण मनोयोग से मेहनत करते हैं तो आप निश्चित ही अपने लक्ष्यों को प्राप्त कर लेंगे। सदियों से अनेक ज्ञानी लोग अनेकों तरीकों से कथा कहानियों आदि के माध्यम से हमें यही समझाते बताते और सुनाते चले आये हैं कि कामयाबी का कोई शार्ट कट नहीं है आप कठिन मेहनत, सही दिशा में लगातार प्रयास करने से ही ळक्ष्यों को प्राप्त करके अपने सपनों को पूरा कर सकते हैं तो फिर लक्ष्य निर्धारण कीजिए और अपने सपनों को नई उड़ान दीजिए। मैं एक बार फिर आपके सुखी और समृध्द जीवन की कामना करता हूं धन्यवाद।

आंखों में आंसू लेकर के दुख मत लेना मान
खुशी के आंसू कैसे आयें इसका करना ध्यान

ऐसी अनेक प्रेरक रचनायें हमारे यूट्यूब इंस्टा और फेसबुक चैनल पर सुन और पढ़ सकते है चैनल लिंक पुस्तक के अंतिम पेज पर हैं।

अध्याय 3

स्वास्थ्य का ध्यान रखें

अच्छा स्वास्थ्य और सेहत कोई कुछ दिन या महीनों के करने और पाने की चीज नहीं है यह एक निरंतर और लंबे समय तक चलने वाली प्रक्रिया और जीवन शैली का अभिन्न हिस्सा है और हमें इसे अपनी आदत बनाना होगा तभी हम अपने आपको सही मायनों में स्वस्थ रख और समझ पायेंगे ।

महान योग गुरू बाबा रामदेव जी से सीखें

योग के साथ शारीरिक मेहनत भी करें हमें अपने स्वास्थ्य को उत्तम रखने के लिए बचपन और युवावस्था से ही निरंतर योग, व्यायाम और खेलकूद के साथ-साथ अन्य शारीरिक गतिविधियों को करते रहना होगा जिससे हमारा शरीर शुरू से ही लचीला और मजबूत बन सके। अक्सर देखने में आ रहा है कि अधिकतर लोग 50 की उम्र तक स्वास्थ्य के प्रति लापरवाही बरतते हैं और जब तक चेतते हैं तब तक बहुत देर हो चुकी होती है आप ऐसा न करें भारत ने दुनियां में हर वर्ष 21 जून को विश्व योग दिवस मनाकर दुनियाँ कों स्वस्थ रखने का बेहतरीन कार्य किया है ।

सेहत की इस अनमोल कला को दुनियां भर में पहुंचाने के इस कार्य में अनेक महान योगियों के साथ साथ महान योग गुरु बाबा रामदेव जी का अतुलनीय योगदान है जो योग के माध्यम से दुनियां भर के लोगों को

स्वास्थ्य के प्रति जागरूक करते हुये योग सिखा रहे हैं ऐसे नेक काम के लिये आपको कोटि कोटि वंदन और अभिनंदन।

☀ सही और पोषक खान-पान अपनायें

दोस्तो हम सभी जंक फूड फास्ट फूड आदि को खाना बंद तो नहीं कर सकते मगर कोशिश करें कि कम से कम खाएं फलों और हरी सब्जियों को अपने भोजन में अधिक से अधिक शामिल करें जब तक अपना शरीर चल रहा है तब तक चलना, दौड़ना, गार्डनिंग, खेल-कूद के माध्यम से अपने शौक के साथ अपने शरीर को चलाते रहें भारत के एक बहुत बड़े अरबपति निवेशक राकेश झुनझुनवाला जी को इस बात का मलाल जीवन भर रहा कि उनके पास सब कुछ है बस अच्छी सेहत नहीं क्योंकि उन्होंने अपने आपको निवेश कार्यों में इस कदर झोंक दिया कि वह अपनी सेहत पर ध्यान नहीं दे पाए और नतीजा यह हुआ कि वह एक लंबे ज़ीवन का आनंद नहीं ले पाए और इस संसार को छोड़कर चले गए इसलिए हमारे ऋषि मुनि और पूर्वजों का कहना है कि स्वास्थ्य सबसे बड़ा धन है। उनके इस अनमोल विचार और मार्गदर्शन को ध्यान में रखते हुए हमें अपनी सेहत का पूरा ख्याल रखना है हर एक अच्छी वस्तु का स्वाद तो चखना है लेकिन अपनी सेहत का ख्याल रखते हुए यह सब करना है।

स्वस्थ दिनचर्या की लिस्ट बनाएं

अपने कार्य के अनुसार अपनी दिनचर्या की लिस्ट अवश्य बनाएं जैसे -
आपको सुबह जल्द से जल्द कब उठना है
आपको बिस्तर कब तक छोडना है
आपको कब तक फ्रेश हो जाना है
आपको योग और व्यायाम कब करना है
आपको कब तक नाश्ता कर लेना है
आपको अपने नौकरी या बिजनेस के लिए कब तक निकलना है
यह सब आपकी कार्य स्थिति देश काल और आपके कार्यालय के समय पर निर्भर करता है। इसलिए आपको ही तय करना है मैं यहां कोई टाइम लिख दूं कोई नियम लिख दूं वह नहीं चलेगा इसलिए यह नियम आपको खुद से बनाना है और इस प्रकार बनाना है कि आपके सारे कार्य सुबह टाइम से संपन्न हो जाएं जिससे आप बेफिक्र होकर अपने काम पर निकल सकें । इसे कुछ ऐसे भी समझ सकते हैं कि मैं अपने काम पर निकलने से आधा घंटे पहले ही हर कार्य संपन्न करके बिल्कुल तैयार हो जाता हूं। आप भी ऐसा कर सकते हैं।

☀ हेल्थ पॉलिसी लेना अति आवश्यक है

विशेषज्ञों का कहना है कि आप निवेश से पहले हेल्थ पॉलिसी अवश्य ले लें मैं भी इस बात से पूर्ण रूप से सहमत हूं आप अपनी जरूरत के अनुसार हेल्थ पॉलिसी लेकर अपने स्वास्थ्य पर होने वाले संभावित खर्च से चिंता मुक्त हो सकते हैं इससे आपको किसी संभावित इलाज की स्थिति में बहुत बड़ी मदद मिलेगी पॉलिसी लेते समय उसके टर्म और कंडीशन को ध्यान से पढ़ें और समय-समय पर पॉलिसी को नवीनीकरण कराते रहें यानी आप समय से उसकी किस्त भरते रहें।

ऐसी योजना चुनें जिसमें अधिक से अधिक अस्पताल और रोगों के निदान सुविधा के साथ-साथ कम से कम प्रीमियम भी हो

☀ जीवन बीमा भी अवश्य कराएं

जीवन बीमा हमारे परिवार को हमारे किसी दुर्घटनावश इस संसार में ना रहने की स्थिति में आर्थिक रूप से मदद करने का एक बड़ा अच्छा साधन है इसके बारे में कुछ लोगों का विरोधाभास भी है परंतु मैं यही कहूंगा कि आप कम प्रीमियम वाली ही सही मगर एक जीवन बीमा पॉलिसी अवश्य लें जिससे किसी कठिन परिस्थिति में आपके परिवार को आपके बाद कुछ ना कुछ आर्थिक मदद मिल सके। दुनियां भर में अनेक सरकारें कम से कम मासिक या सालाना प्रीमियम पर अपने नागरिकों को ऐसी सुविधा दे रही हैं उदाहरण के लिए भारत में बहुत ही कम प्रीमियम पर ₹ 2 लाख रुपए तक का बीमा भारत सरकार अपने नागरिकों को दे रही है। आपके देश में कौन सी योजना हैं जांच करें ।

☀ हेल्थ चेकअप कराते रहें

वैसे तो विशेषज्ञ साल में 1 से 2 फुल बॉडी हेल्थ चेकअप हर किसी के लिए आवश्यक बताते हैं मगर सच्चाई यह है कि एक बहुत बड़ा वर्ग साल में एक बार भी हेल्थ चेकअप अपनी मर्जी से नहीं कराता है जब कोई समस्या होती है और डॉक्टर साहब कहते हैं तभी बॉडी चैकअप कराया जाता है मगर आप 40 से 50 के बाद हर वर्ष या वर्ष में दो से तीन बार अपना स्वास्थ्य चेकअप अवश्य करायें जैसे-जैसे उम्र बढ़े वैसे-वैसे आपके डॉक्टर की सलाह अनुसार चेकअप की गिनती बढ़ती जानी चाहिए इससे आपको आगामी होने वाली संभावित बीमारियों का पता चलेगा और आप उन्हें समय पर कंट्रोल कर पाएंगे।

इस प्रकार आप योग के साथ-साथ अच्छे खान-पान और डॉक्टर की सलाह अनुसार चलते हैं तो फिर आप एक स्वस्थ, सुखी और लंबा जीवन जी सकते हैं।

मैं एक बार फिर आपके सुखी संपन्न और स्वस्थ जीवन की कामना करता हूं धन्यवाद

कोशिश करते जाइये लक्ष्यों को कर ध्यान

मेहनत और हौसले से ही बने तुम्हारी शान

ऐसी अनेक प्रेरक रचनायें हमारे यूट्यूब इंस्टा और फेसबुक चैनल पर सुन और पढ़ सकते है चैनल लिंक पुस्तक के अंतिम पेज पर हैं।

अध्याय 4

शिक्षा और करियर

जब हम शिक्षा की बात करते हैं तो हमारे सामने अनेक प्रकार के विकल्प आ जाते हैं जिसमें से अपने लिए कौन सा क्षेत्र सही है यह चुनना वाकई में एक चुनौती पूर्ण कार्य हो जाता है हमारा मन किसी क्षेत्र की तरफ आकर्षित होता है तो माता-पिता की राय कुछ और साथ में दोस्तों की अलग बातें ऐसे में हमें अपनी आर्थिक स्थिति और शिक्षा को ध्यान में रखकर कदम उठाना चाहिए हमें जिस भी क्षेत्र में जाना है उसकी जानकारी हासिल करते रहना चाहिए बहुत बड़ा और भारी कर्ज लेकर पढ़ाई करने के पक्ष में मैं नहीं हूं अधिकतर देखा गया है कि उच्च शिक्षा के लिए लिया गया लोन और उसका ब्याज बढ़कर इतना अधिक हो जाता है कि व्यक्ति अपने नौकरी के बड़े कार्यकाल में लोन ही चुका पाता है ऐसा भी देखा गया है कि होशियार बच्चे के लिए माता-पिता ने घर या जमीन तक गिरवी रख दिया बैंक लोन ले लिया अच्छी पढ़ाई की मगर नौकरी नहीं लगी । मैं यहां आपको डराना नहीं चाह रहा हूं यह भी एक हकीकत है कर्ज उतना ही लें खर्च उतना ही करें जिसे आप बाद में झेल सकें मैं बस यह कहना चाहता हूं। आस पड़ोस या रिश्तेदारों की देखा देखी अपने ऊपर बोझ ना बनाएं ध्यान रखें वह आपके भारी लोन खर्च या उससे होने वाली परेशानियों में आपको बचाने नहीं आएंगे।

अपनी रुचि का क्षेत्र चुनना ज्यादा बेहतर

जी हां जिस भी क्षेत्र में हमारी रुचि है उसे सीखने पढ़ने या करने में हमें कभी कोई उवाऊपन या परेशानी महसूस नहीं हो वह क्षेत्र बेहतर रहेगा अपनी रुचि का मतलब यहां पर यह नहीं है कि हमेशा हम ही सही हों हमारे माता-पिता, गुरुजन, बिषेशज्ञ, हमसे ज्यादा जीवन का अनुभव रखते हैं इसलिए उनकी बात मानकर चलना भी हमारे लिए हितकर होगा माता-पिता बच्चों को उस क्षेत्र में आगे बढ़ाने का प्रयास करें जिसमें उनकी रुचि हो।

पढ़ाई के साथ सीखें हुनर

पढ़ाई के साथ आप अपने बच्चों को कोई ना कोई स्किल वर्क जरूर सिखाएं कभी-कभी कोई सीखा हुआ हुनर पढ़ाई पर भारी पड़ जाता है दुनियाँ में ऐसे लाखों उदाहरण है जब लोगों ने पढ़ाई के साथ साइड में सीखे गए अपने कार्य, कौशल, खेल, के दम पर बड़ा पैसा और नाम कमाया है । इसीलिए पढ़ाई के साथ-साथ अपने बच्चों को एक हुनर जरूर सिखाएं आपने वह लाइन तो सुनी ही होगी कि **"हुनर है तो कदर है"** इस बात को ध्यान में रखते हुए भारत जैसे देश में सरकार लोगों को हुनरमंद बनाकर उन्हें सशक्त करने के लिए स्किल इंडिया जैसे प्रोग्राम चला रही है भारत ही नहीं दुनियाँ भर में अनेक देश अपने लोगों को सशक्त एवं आत्मनिर्भर बनाने के लिए ऐसी अनेक

योजनाएं चला रहे हैं तो आप भी अपनी रुचि का एक क्षेत्र चुनें और उसमें विशेषज्ञता हासिल करें जीवन में बहुत काम आएगा।

☀ बच्चे करें छुटिट्यौं का सदुपयोग

आज लाखों लोग अपने बच्चों को लंबी छुट्टियों में कुछ न कुछ सिखाने के उद्देश्य से समर एक्टिविटी, समर स्कूल , एक्स्ट्रा क्लास जैसे नामों से चलाए जा रहे स्केल आधारित कार्यक्रमों में हिस्सा लेकर उन्हें सीखने के लिए प्रेरित करते हैं और बच्चे भी खुशी से सीखते हैं।
अब तो बड़े भी ऐसे प्रोग्रामों में हिस्सा लेकर सीख रहे हैं आप भी सीख सकते हैं और अपने बच्चों को सिखा सकते हैं। और एक पसंदीदा हुनर के साथ अपने जीवन में चार चांद लगा सकते हैं ।

☀ कारोबारी शिक्षा पर दें ध्यान

आज के समय में सरकारी नौकरी पाना जहाँ बडा मुश्किल है वहीं बड़ी-बड़ी कंपनियां आए दिन कभी भी अपने कर्मचारियों की छटनी कर दे रही हैं ऐसे में आपके पास अगर कारोबारी शिक्षा का ज्ञान है तो आप अपने दम पर आत्मनिर्भरता के साथ अपना जीवन यापन कर सकते हैं यहां जरूरी नहीं कि एम बी ए जैसी बड़ी डिग्री ही हो छोटे से छोटे कार्य को खुद से करना ही अपना कारोबार है लाखों लोगों ने बहुत सारे छोटे बड़े कामों को छोटे स्तर से शुरू किया और वह आज दुनियाँ भर में छाए हुए हैं गूगल, माइक्रोसॉफ्ट, एम डी एच , पतंजलि, जैसी लाखों कंपनीयों की शुरुआत भी एक छोटे रूप में हुई है, आप अपना व्यापार करते हैं तो

आप अपने साथ-साथ अन्य लोगों को भी रोजगार दे सकते हैं, वहीं नौकरी में ऐसा संभव नहीं है।

अपने व्यवसाय में आप अपने बिजनेस को जहां से छोड़ते हैं आपके बच्चे उसे वहीं से शुरू कर देते हैं मगर नौकरी में आपके बच्चे जीरो से शुरू करते हैं यह इसमें बड़ा फर्क है।

इसलिए व्यावसायिक ज्ञान को हासिल कीजिए अपने बच्चों को कराइये और छोटा ही सही अपना काम अवश्य कीजिए व्यवसाय करेंगे तो अपने साथ-साथ अन्य लोगों का भी पेट भर सकेंगे। मैं एक बार फिर आपके सुखी और संम्पन्न जीवन की कामना करता हूं और आशा करता हूं कि आप इन बातों को समझकर अपनायेंगे और अपना जीवन और भी उच्च बनायेंगे

करम तुम्हें करने ही होंगे मन में रख विश्वास
करते जाना मेहनत प्यारे पूरी हो हर आस

ऐसी अनेक प्रेरक रचनायें हमारे यूट्यूब इंस्टा और फेसबुक चैनल पर सुन और पढ़ सकते है चैनल लिंक पुस्तक के अंतिम पेज पर हैं।

अध्याय 5

आपकी प्रतिस्पर्धा किससे है

जीवन में हमें आगे बढ़ने के लिए अनेक प्रयास और प्रतिस्पर्धाओं के दौर से गुजरना पड़ता है। पर हमें यह देखना होगा कि हम जानबूझकर अच्छी और स्वस्थ प्रति स्पर्धा में ही भाग लें कहीं ऐसा ना हो कि हम किसी गलत प्रतिस्पर्धा में पड़कर अपने व्यक्तिगत और सामाजिक जीवन को खराब कर लें

कहीं आप गलत प्रतिस्पर्धा में तो नहीं हैं

उदाहरण के लिए आप जिस स्तर पर हैं वहां आपको कुछ ऐसे लोग जरुर मिलेंगे जो आपसे बहुत पीछे हैं मगर वह आपकी टांग खींचने के लिए या किसी अन्य कारण से आपके प्रतिस्पर्धी बन जाएंगे यह सब जाने अनजाने भी हो सकता है पर इस प्रतिस्पर्धा में उस व्यक्ति का नुकसान कम फायदा ज्यादा होगा वहीं उल्टे आपको नुकसान ही होगा क्योंकि आप अपने से निम्न स्तर के व्यक्ति से प्रतिस्पर्धा के जाल में फंस चुके हैं इसीलिए हमेशा उच्च स्तर की स्वस्थ प्रतिस्पर्धा ही करनी चाहिए जिसमें कुछ सीख के साथ-साथ अनुभव भी प्राप्त हो।

आपकी असली प्रतिस्पर्धा खुद अपने आपसे है

एक घोड़े सवार और गधे सवार की प्रतिस्पर्धा नहीं हो सकती जी हां सबसे पहले तो आप गलत व्यक्तियों के साथ प्रतिस्पर्धा में कभी न पड़ना । आप एक घुड़सवार होकर अगर एक गधे सवार से प्रतिस्पर्धा करते हैं तो सभी लोग उस गधे सवार पर नहीं बल्कि घुड़सवार पर ही हंसेंगे इसलिए उस गधे सवार से प्रतिस्पर्धा मत कीजिए उसकी चुनौती को स्वीकार मत कीजिए और अपनी गति और मति के अनुसार आगे बढ़ जाइए । जीवन में याद रखें आपको सैकड़ों गधे सवार चुनौतियां देते आपको प्रतिस्पर्धा के लिए ललकारते हुए मिलेंगे मगर आपको उन्हें अनदेखा करते हुए उनसे बचकर निकलते हुए आगे बढ़ना है क्योंकि आपको पता है कि आपकी मंजिल बहुत दूर है और बहुत शानदार जीवन आपका इंतजार कर रहा है गधे सवारों को खुद पता नहीं है कि वह कितनी दूर और कितनी तेज और दौड़ पाएंगे और कहां तक पहुंच पाएंगे यकीन मानिए जब आप उन्हें अनदेखा और अनसुना करके आगे बढ़ते हैं तो आपका घोड़ा आपको आपकी मनचाही मंजिल पर ले जाएगा और वह गधा सवार कुछ ही दूर तक चलकर हार धक और परेशान होकर बहुत और बहुत पीछे रह जाएगा पर अगर आपने उसकी बात सुनी और उससे प्रतिस्पर्धा की तो फिर आपका भी वही हाल होगा और फिर लोग आप पर हसेंगे। और इसके जिम्मेदार आप स्वयं होंगे।

इसलिए ऐसे गधे सवारों से बचके रहिए और अपने सुखी और समृद्ध जीवन की इस रेस में अपने शानदार घोड़े पर सवार होकर आगे बढ़ते रहिए निश्चित ही आपको आपकी मंजिल मिलकर रहेगी धन्यवाद ।

अपने प्रतिस्पर्धी आप बनें

आपकी प्रतिस्पर्धा किसी और से हो ही नहीं सकती बल्कि आपकी प्रति स्पर्धा खुद अपने आपसे है जब आप अपने आपसे प्रतिस्पर्धा करेंगे तो यकीन मानिए आप एक शांति और सुकून के साथ अपने लक्ष्यों को प्राप्त कर सकेंगे । आपके सपने हैं, आपके लक्ष्य हैं, और आपकी अपनी मेहनत है तो फिर किसी और से क्या मतलब है ।

जब आप खुद अपने आपसे प्रतिस्पर्धा करते हैं तो आप अपने ऊपर से बहुत सारा बोझ उतार देते हैं । आप अपनी जरूरत और क्षमताओं के आधार पर लक्ष्य तैयार करके और अपने पर भरोसा और ईश्वर पर विश्वास बनाकर चलते हैं तो यकीन मानिए आप जरुर कामयाब होंगे । और एक दिन आप अपनी मंजिल पा ही लेंगे ।

स्वस्थ प्रतिस्पर्धा चुनें

माना कि आपकी असली प्रतिस्पर्धा अपने आपसे है पर जीवन के हर क्षेत्र में जाने - अनजाने प्रतिस्पर्धी तो आपको मिलेंगे ही मिलेंगे ।

लोगों से स्वस्थ और सकारात्मक प्रतिस्पर्धा में कोई बुराई भी नहीं बस इस बात का ध्यान रखें कि गलत लोगों से गलत प्रतिस्पर्धा न करें ।

एक बार फिर से मैं आपके सुखी और समृध्द जीवन की कामना करता हूं और आशा करता हूं कि आप इन बातों को समझकर अपने जीवन में उतारेंगे और अपना जीवन संवारेंगे धन्यवाद ।

अध्याय 6

☀ जैसा संग वैसा रंग ☀

आपके संगी साथी आस पड़ोस और परिवेश कहीं ना कहीं आपकी जीवन शैली पर प्रभाव डालते ही हैं आपके दोस्त जिस मानसिकता और विचारधारा से प्रभावित हैं वो जैसा बोलते हैं, वो जैसा खाते पीते हैं, वो जैसा पहनते हैं, या वह जैसी भी जीवन शैली जीते हैं और क्यों कि आप भी उनके साथ ही रहते हैं तो आप पर भी वह चीज असर करेंगी और आप भी एक दिन वैसे ही बन सकते हैं ऐसी अधिक आशंका विशेषज्ञ व्यक्त करते हैं।

इसलिए आप सावधानी से अपने ऐसे दोस्त चुनिए जो सकारात्मक सोच विचार के साथ-साथ आगे बढ़ाने वाले अच्छे चरित्र और भाषा और अच्छे क्रियाकलाप वाले हों।

☀ संगत पर जानकार और विशेषज्ञों की राय

अनेक रिलेशनशिप विशेषज्ञों का कहना है कि अगर आप चार सकारात्मक मानसिकता रखने वाले अच्छे लोगों के बीच रहते हैं तो अगले और पांचवें व्यक्ति आप होंगे। इसी प्रकार आप अगर चार नकारात्मक मानसिकता वाले गलत लोगों के बीच रहेंगे तो अगले और पांचवे व्यक्ति आप ही हो सकते हैं।

इसीलिए ध्यान रखें सकारात्मक लोगों का संग करें और जानबूझकर अच्छी और सकारात्मक आदतों को बनाएं नहीं तो आप जाने अनजाने गलत आदतों का शिकार तो हो ही जाएंगे ।

याद रखें ऊपर उठने आगे बढ़ने के लिए प्रयास और ताकत लगानी पड़ती है नीचे गिरने के लिए किसी प्रयास और ताकत की आवश्यकता नहीं होती।

☀ जीरे के कीड़े

बहुत बातें करलें सुनलें पर जब हम अपनी आखों से कुछ ऐसा देखते हैं तो हैरान रह जाते हैं। ऐसा ही मेरे साथ हुआ जब एक दिन घर में पडी एक पुरानी डिब्बी को मैंने कौतूहल वश खोलकर देखा तो उसमें जीरे के साथ हूबहू जीरे जैसे रंग के कीडे रेंगतें देखे मैं अचंभित रह गया और मेरे मुँह से बस यही निकला जैसा संग वैसा रंग।

दोस्तो संगत की रंगत का असर पडता ही है इससे बचने का एक मात्र तरीका यही है कि अपने आपको गलत लोगों के संग से दूर रखा जाय और सही एवं सकारात्मक लोगो और बातों से अपने आपको जोडा जाय तो दोस्तो आशा करता हूं कि आप इन बातों को अपने जीवन में उतारेंगे और अपना जीवन सवारेंगे।

☀ दिल से अच्छे बनें अच्छे बनने का ढोंग न करें

जीवन में कुछ लोग नीति और नियमों का पालन करने का ढोंग करते हैं ऐसा वह समाज में अपनी झूठी प्रतिष्ठा बनाने के लिए करते हैं। वह अपने आपको बहुत अच्छा और भला आदमी साबित करना चाहते हैं लेकिन अंदर से वह ऐसे होते नहीं हैं जब उनकी असलियत लोगों को पता चलती है तो फिर ऐसे लोगों को मुंह छुपाना भी भारी पड़ जाता है इसीलिए ऐसे लोगों से दूर रहकर हमें अपना काम ईमानदारी से करना है।

थोड़ा करें अच्छा करें ऐसे कार्य करें जिससे अपने साथ-साथ समाज और देश का भी कुछ भला हो सके जब हम अच्छे बनकर दिल से अच्छे काम करते हैं तो फिर कार्य के सफल होने के मौके ज्यादा बढ़ जाते हैं। अच्छा बनना हमारे हित और बुरा बनना और करना अंततः हमें हमारे ही बुरे जीवन की तरफ ले जाता है। और जब हम अच्छाई को अपने जीवन में उतारते हैं तो वह हमें ऊपर उठने आगे बढ़ने में मदद करती है और जब हम बुराई के रास्ते को चलते हैं तो अंततः परिणाम भी बुरे ही प्राप्त होते हैं।

☀ सच्चाई की जीत निश्चित है

दुनियाँ में ऐसे अनेक उदाहरण भरे पड़े हैं जहां लोगों ने अपनी इच्छा पूर्ति के लिए गलत रास्ते को चुना कामयाब भी हुए परंतु अंत में जब उनके गलत कार्यों को कच्चा चिट्ठा दुनियाँ के सामने आया तो उन्हें अनेक

कानूनी कार्रवाइयों का सामना करना पड़ा जेल जाना पड़ा मान सम्मान सब धूमिल हो गया।

इसीलिए सही रास्ता चुनें सच्चाई और ईमानदारी के साथ अपना काम करें इस प्रकार चाहे थोड़ी ही सही परंतु स्थाई कामयाबी होगी सच्चाई से भरी कामयाबी होगी और समाज में आपकी सच्ची प्रतिष्ठा बढ़ेगी इसलिए सोच समझकर सही और अच्छा और सच्चा रास्ता ही चुनें जीत आपकी ही होगी।

एक बार फिर से मैं आपके सुखी और समृध्द जीवन की कामना करता हूं और आशा करता हूं कि आप इन बातों को समझकर अपने जीवन में उतारेंगे और अपना जीवन सवांरेंगे धन्यवाद।

हिम्मत और हौसले रखकर बढ़ते जाओगे
तो फिर अपना सुदंर फ्यूचर गढ़ते जाओगे

ऐसी अनेक प्रेरक रचनायें हमारे यूट्यूब इंस्टा और फेसबुक चैनल पर सुन और पढ़ सकते है चैनल लिंक पुस्तक के अंतिम पेज पर हैं।

अध्याय 7

☀ शादी और संबंध ☀

सबसे पहले आप शादी का असली मतलब समझ लीजिए **शा - शाथ , दी - दीजिए, जी हां साथ दीजिए एक दूसरे का,** शादी का सबसे बड़ा और महत्वपूर्ण मकसद एक दूसरे के सहारे अपने जीवन को सुख पूर्वक व्यतीत करना ही तो है। जब तक हम इस बात को नहीं समझते तब तक हमें शादी जैसे बंधन में नहीं बंधना चाहिए। शादी से पहले आप क्या थे क्या कर रहे थे सब भूलकर एक नई सोच और समझ के साथ एक नई शुरुआत करनी चाहिए । सुखी वैवाहिक जीवन के लिए यह अत्यंत आवश्यक है कि विश्वास और वफादारी दिखाएं, शादी से पहले लड़कपन और नासमझी में आपके जो भी और जिससे भी रिश्ते बनते हैं और अगर

आप उसी को जीवन साथी के रूप में आगे चाहते हैं तो फिर इस बात को अपने परिवार के साथ शेयर करें परिवार की सहमति से ही आगे कदम बढ़ाएं अगर उनकी मर्जी नहीं है तो फिर आप उस बात को वहीं खत्म करें, क्योंकि सबकी खुशी में ही आपकी खुशी होनी चाहिए याद रखिए अधिकतर वही रिश्ते नाते और संबंध लंबे समय तक चलते हैं जिसमें हमारे माता-पिता भाई बहन और हमारे प्रिय जन खुश और सहमत हों।

भयावह परिणामों से बचें

अधिकतर ऐसे मामले हर दिन आ रहे हैं कि उस लड़की या लड़के ने अपने परिवार वालों के खिलाफ जाकर शादी की बाद में उसके पति या पत्नी ने उसका साथ छोड़ दिया ऐसे में लड़का या लड़की अब परिवार से मदद मांगना चाहता है पर नहीं मांग पाता और किसी का सपोर्ट ना होने के कारण दुखी जीवन जीता या जीती है वहीं ऐसा भी देखा गया है कि परिवार की मर्जी के बिना अन्य धर्म या जाति में शादी करने के बाद में उनके ही परिवार वालों ने उस शादीशुदा जोड़े के दूसरे परिवार वालों को परेशान और प्रताड़ित करना शुरू कर दिया और इस तरह एक अच्छे और सुखी जीवन जीने की कामना लेकर यह संबंध बनाने वाली वह जोड़ी अनेक परेशानी और संकटों में फंस गई। इसलिए ऐसे रिश्ते नातों से बचने में ही भलाई है।

सर्व सम्मति के साथ सुखी जीवन

सबसे मुख्य बात तो यही है कि शादी हम एक दूसरे के साथ खुशी-खुशी और सुख पूर्वक जीवन बिताने के लिए करते हैं ऐसे में हमें सब की खुशी और राय के साथ शादी करनी चाहिए आजकल नई पीढ़ी यह कहती नजर आती है की माता-पिता या परिवार वालों को थोड़े ही रहना है हमें रहना है एक दूसरे के साथ, तो हम ही फैसला करेंगे तो यह जान लें परिवार या माता-पिता कभी अपने किसी बच्चे का बुरा नहीं चाहते ना करते हैं हां अगर आपकी कोई पसंद ना पसंद है तो आप खुलकर बताइए वह जब आपसे प्यार करते हैं और मानने लायक बात होगी तो वह उस बात को मानेंगे मगर आप खेलने के लिए उनसे सांप मांगेंगे और यह कहेंगे कि यह बहुत अच्छा है काटता नहीं है, जहर नहीं है, आप लाख सच्चे हैं, अच्छे हैं, लेकिन वह आपको उस चीज को नहीं देंगे, जिन माता-पिता ने आपका लालन-पालन करके आपको इतना बड़ा किया है आपको इस मुकाम तक पहुंचाया है कुछ तो वह भी जानते होंगे कुछ तो उनको भी दिख रहा होगा। इतने लंबे बरसों का अच्छे और बुरे का उनका भी अनुभव होता है और आप उस टीन एज में होते हैं जहां आपको जीवन की बहुत सारी अच्छाई बुराइयों का ज्ञान नहीं होता है। बस एक दूसरे को समझिए और फिर सब की राय और सहमति से जीवन साथी को चुनिये। इसका सबसे बड़ा फायदा तो यही होगा कि यह सारा परिवार आपके साथ जीवन भर आपके हर सुख - दुख में खड़ा मिलेगा। जरा सोचो अपना सुख और दुख बांटने के लिए जब अपने ही आपके पास और साथ नहीं होंगे तो कैसा जीवन, कैसा सुख, कैसी शादी और

कैसे संबंध इसलिए सोच विचार और समझ कर सर्वसम्मति के साथ रिश्ते नातों को बनायें और उन्हें निभायें।
मैं आपके सुखी वैवाहिक जीवन की ईश्वर से कामना करता हूं धन्यवाद।

शादी के नाम पर फिजूल खर्ची से बचें

आजकल अधिकतर लोग दिखावे और बड़प्पन के नाम पर अपनी वित्तीय स्थिति से अधिक शादी संबंधों में खर्च करने को तैयार रहते हैं और लोग अपनी जेब से अधिक खर्च करते भी हैं यहां तक कि कर्ज लेकर भी वह अपने दिखावे के लिए पैसा खर्च करते हैं खर्च ही नहीं करते पैसा पानी की तरह बहा देते हैं मुझे इसमें बिल्कुल भी समझदारी नजर नहीं आती आप अपनी जेब और जरूरत के हिसाब से ही खर्च करें

अगर आप कम से कम साधनों के साथ सरलता और सादगी के साथ शादी के कार्यक्रम को संपन्न करते हैं तो कई लाख रुपये आप इससे बचा सकते हैं और इस पैसे को आप वर वधु के नाम से इन्वेस्ट कर देते हैं तो वह उनके और उनके बच्चों के सुनहरे भविष्य के लिए बहुत ही लाभदायक सिध्द होंगे इसके बारे में मैंने और भी लिखा है जिसे आप आगे के पाठ में विस्तार से पढ़ सकते हैं।

-☀- शादी के बाद बाहरी सम्बंन्ध न रखें

आजकल सबसे अधिक ऐसे मामले आ रहे हैं जिनमें शादी तो माता-पिता की मर्जी से कर ली मगर लड़का या लड़की शादी से पहले जिससे प्रेम संम्बंध में थे उन्हें कायम रखते हुए जीवन जीना चाहते हैं जो कि सबसे बड़ी मूर्खता साबित होता है ।
अरे जब आप जिसे भुलाना नहीं चाहते जिससे संम्बंध खत्म नहीं कर सकते तो फिर उसी से संम्बंध जोड़ते शादी करते आपने एक दूसरे लड़के या लड़की से शादी करके उसके और अपने जीवन में क्यों परेशानी खड़ी की यह प्रकृति का नियम है कि -
कोई भी व्यक्ति एक साथ दो नाव में बैठकर सफर नहीं कर सकता,
कोई भी व्यक्ति एक साथ दो दिशाओं में नहीं चल सकता,
कोई भी व्यक्ति एक साथ दो कमरों में नहीं सो सकता,
कोई भी व्यक्ति एक साथ दो जगह नहीं जा सकता,
इसलिए समझदारी इसी में है कि सुखी दांपत्य जीवन के लिए एक दूसरे का वफादारी से साथ दें और किसी भी अवैध संबंध को हमेशा हमेशा के लिए भूल जाएं या उन्हें ना ही बनाएं यही आप और आपके सुखी वैवाहिक जीवन के लिए हितकर होगा।

-☀- साझा सपने देखें

अब जब शादी हो गई है तो फिर हमें एक दूसरे की पसंद ना पसंद को जरूर समझ लेना चाहिए मैं तो कहता हूं की शादी से पहले ही इन सब

बातों को एक दूसरे को जान लेना चाहिए और उसी के अनुसार कार्य करना चाहिए इससे आप बाद में आपस में टकराव से बचेंगे और एक दूसरे को अधिक खुशी दे पाएंगे।

सुखी जीवन के लिए अपने साझे और सुखद सपने देखें और उन्हें पूरा करने की कार्य योजना भी तैयार करें परिवार कितना बढ़ाना है यानी कितने बच्चे पैदा करने हैं।

(यहां **छोटा परिवार सुखी परिवार** का यह मंत्र ध्यान रखें)

कौन सी नौकरी या बिजनेस करना है, हमें क्या-क्या खरीदना है, क्या क्या काम करने हैं, और हमें कब तक वित्तीय रूप से स्वतंत्र होकर अपना जीवन जीना है। फिर उन देखे हुए सपनों को पूरा करने के लिए कार्य योजना भी बनाएं और जांचें कि वह किस तरीके से काम करेगी।

साझा लक्ष्य बनाएं और उन्हें पायें

जब आपने अपने सपनों को सजा लिया है तो उन्हें साकार करने के लिए लक्ष्य की आवश्यकता होगी इसलिए आपको अपनी कार्य योजना भी बनानी होगी योजना बनाकर काम शुरू करें।

इस तरह लक्ष्य बनाकर जब आप अपने जीवन को जिएंगे तो फिर आप किसी स्त्री या पुरुष की ओर आकर्षित नहीं होंगे ना किसी लालच में आएंगे ना किसी के बहकावे में आएंगे क्योंकि आपने अपने सुखी वैवाहिक जीवन के लक्ष्य तय कर रखे हैं। आपने अपनी दिशा तय कर रखी है और आप उसे पाने के लिए ही चल रहे हैं इस तरह आप लक्ष्य प्राप्ति की राह में भटकेंगे नहीं और एक दिन अपना लक्ष्य प्राप्त कर ही लेंगे ऐसा मेरा विश्वास है।

शिकायतों की गठरी न बनाएं

जीवन जीते हैं तो आपस में पति-पत्नी में थोड़ा बहुत मनमुटाव भी होता रहता है। और यह हर किसी के साथ होता है थोड़ी अनबन सब में होती है उसे भुलाएं शिकायतों की गठरी ना बनाएं क्योंकि वह गठरी अगर आपके सर पर रहेगी तो बहुत भारी बोझ लगेगा और आप अपने लक्ष्य से भटक जाएंगे इसलिए आगे बढ़ें क्योंकि
आपने साझा सपने देखे हैं
आपके सपने एक हैं
आपके लक्ष्य एक हैं
और आप भी एक हैं
और आपकी मंजिल एक है
और आप दोनों एक मत हैं इसलिए आप एक मत से सहमत होकर आगे बढ़िए और अपने सपनों को पूरा करिये सुखी, सफल,और समृद्ध जीवन को आपका इंतजार है आप उपरोक्त तरीके से अपने जीवन को जीना शुरु कर देते हैं तो फिर आप एक सुखी वैवाहिक जीवन के हकदार होंगे ऐसा मेरा पूर्ण विश्वास है।
मैं आपके सुखी वैवाहिक जीवन की अंतरमन से कामना करता हूं धन्यवाद।

☀ डा. कुमार विश्वास जी जैसा लालच बनायें

महान भारतीय कवि, लेखक और विद्वान डा. कुमार विश्वास जी कहते हैं कि मैं अपने पिता जी से हमेशा बडी सावधानी और आदर के साथ बात करता हूं और इस लालच से कि कल मेरे बच्चे भी यह सब देख सुन और सीख कर मेरे साथ भी ऐसा ही करेंगे, वाकई उनका यह विचार और व्यवहार हम सभी के लिये अनुकरणीय है।

करोगे जैसा भरोगे वैसा आपस में और परिवार में सभी के साथ हम जैसा व्यवहार करेंगे वैसा ही माहौल बनता चला जाएगा हम अपने माता-पिता सास ससुर की सेवा करेंगे कल बच्चे वही सीखेंगे हम बड़ों का सम्मान करेंगे कल हमारा भी होगा घर से लेकर बाहर तक हम ऐसा कोई व्यवहार न करें जो हम खुद के साथ नहीं चाहते।

☀ किसान की सीख जो बोओगे वही काटोगे

एक बुजुर्ग किसान घर से दूर अपने खेत पर झोपड़ी डालकर रहते थे घर से रोज सुबह शाम उनके लिए एक पुराने और टूटे-फूटे कटोरे में उन्हें भोजन पहुंचा दिया जाता था। एक दिन उन बुजुर्ग किसान के बेटे का बेटा जो एक छोटा बच्चा था वह एक टूटा फूटा सा कटोरा कहीं से लाया और उसे ठोंक पीट कर ठीक कर रहा था उसी समय उन बुजुर्ग किसान का बेटा वहां आया और उसने अपने उस छोटे बेटे से पूछा यह क्या कर रहे हो बेटा तो बच्चे ने कहा कटोरा सही कर रहा हूं पिताजी पिता ने कहा इस कटोरे का क्या करोगे यह तो बहुत टूटा फूटा और पुराना है तो बच्चे

ने कहा पापा आपके लिए ठीक कर रहा हूं, कुछ दिन बाद आपको भी तो मुझे ऐसे ही एक कटोरे में भोजन देना है जैसा आप दादाजी को देते हो। वह बूढ़े किसान पिता वहीं खड़े यह सब बातें देख और सुन रहे थे उनके मुंह से बस यही निकला जो बोओगे वही तो काटोगे। यह सब देख और सुनकर उस व्यक्ति ने अपने बूढ़े पिता से क्षमा याचना मांगी और उन्हें अपने साथ घर ले जाकर सुख और सम्मानपूर्वक रखने लगा क्योंकि अब उसे यह पता लग गया था कि मैं जैसा करूंगा वैसा ही व्यवहार मेरे बच्चे भी मेरे साथ करेंगे। इसीलिए एक सुखी और समृध्द जीवन जीने के लिए आप भी अपनों के साथ अच्छा व्यवहार कीजिए। और अपनों के साथ क्या सबके साथ अच्छा व्यवहार कीजिए निश्चित ही आपके साथ ईश्वर अच्छा ही करेंगे ऐसा मेरा विश्वास है।

मैं एक बार फिर आपके सुखी और सम्रध्द जीवन की कामना करता हूं

धन्यवाद।

करो कोशिश यहां मन से करम को करते जाना है
आयें जो मुश्किलें उनसे भी तुमको लड़ते जाना है
पाओगे जीत एक दिन तुम यहां यह मान लो प्यारे
यहां पाता है वो ही जिसने जो भी मन में ठाना है

ऐसी अनेक प्रेरक रचनायें हमारे यूट्यूब इंस्टा और फेसबुक चैनल पर सुन और पढ़ सकते है चैनल लिंक पुस्तक के अंतिम पेज पर हैं।

अध्याय 8

क्रोध से बचना ही होगा

क्रोध, गुस्सा इंसान को बिना आग के जलाता है यह आग से भी खतरनाक होता है इसलिए इससे जितना बचा जाए उतना बचें । आजकल की जीवन शैली में क्रोध आना स्वाभाविक है परंतु हमें उस पर नियंत्रण करना ही होगा अन्यथा हमारे बने बनाये काम बिगड़ सकते हैं क्रोध में कोई भी फैसला ना लें जब आपको क्रोध आए तो अधिक न बोलें बल्कि शांत रहने की कोशिश करें अगर आप कुछ समय के लिए चुप या शांत हो जाते हैं तो क्रोध अपने आप गायब हो जाएगा ।

पति - पत्नी मिलकर क्रोध भगाएं

अक्सर देखा गया है कि घरों में पति-पत्नी किसी न किसी बात पर आए दिन क्रोधित होते रहते हैं और उसके बाद झगड़े शुरू हो जाते हैं झगड़ा और क्रोध की वह बातें भी इतनी छोटी होती हैं कि सुनो तो हंसी आ जाए परंतु दिन भर की थकान, खेत खलियान, रोड, दुकान, बांस और ऑफिस की गुस्सा घर में निकालने की जो आदत सी बना ली है उसे रोकना ही होगा दिन भर के काम का दबाव इधर-उधर की टेंशन को घर में घुसने से पहले ही घर से बाहर थूकना होगा मेरा कहने का मतलब है कि उन सबको भूलकर ही घर में घुसें ।

वहीं पत्नी को भी घर आये पति से प्यार से पेश आना चाहिये दिन भर में एक दूसरे के साथ क्या हुआ ये जानें एक दूसरे की समस्या का समाधान करें और घर में सकारात्मक माहौल बनाएं, यहां यह ध्यान रखना होगा कि पति पत्नी एक दूसरे पर काम की धौंस न जमायें, कोई कम तो कोई ज्यादा दोनों अपनी-अपनी जिम्मेदारी को निभाएं, लेकिन उस बात का बहाना लेकर अपनी जिंदगी में परेशानियां न बढ़ाएं।

☀ बुजुर्गों का कहना मानें

सदियों से हमारे पूर्वज ये कहते आये हैं कि एक चुप सौ लोगों को हराता है अगर हम घर में शांति चाहते हैं अपने जीवन को सुखी बनाना चाहते हैं तो हमें मिल बैठकर बातचीत से आपसी समस्या का हल निकालना चाहिए गुस्से या गलतफहमी में बहस ना करें, बस दोनों में से कोई एक अधिक बोल रहा है तो स्थिति को देखते हुए किसी एक को चुप रहने की जिम्मेदारी तुरंत उठा लेनी चाहिए

जब एक बोलेगा परंतु दूसरा चुप रहेगा तो आप देखेंगे कि कुछ समय बाद दूसरा व्यक्ति भी चुप हो जाएगा इस तरह से आपसी बाद विवाद अपने आप खत्म हो जाएगा हर बार कोई एक व्यक्ति ही चुप रहे ऐसा भी नहीं दूसरे को भी चुप रहने की आदत बनानी चाहिए और किस तरीके से घर में शांति हो इसके लिए तैयार रहना चाहिए ।

बिजनेस या नौकरी में क्रोध से बचें

कामकाजी और व्यापारी वर्ग के लिए एक कहावत बड़ी मशहूर है कि पांव में चक्कर मुंह में शक्कर और सर पर बर्फ यानी आपको निरंतर चलते रहना होगा, काम करते रहना होगा, मीठा बोलते रहना होगा, और अपने सर को ठंडा रखना होगा, यानी लोगों की बातों को बर्दाश्त करना होगा।

कुछ लोग बहुत अच्छे होते हैं उनके इरादे भी गलत नहीं होते हैं पर जल्दी गुस्सा करने की वजह से लोग उन्हें गलत मानने लगते हैं इसलिए ऐसे लोगों को सावधानी पूर्वक खुद पर कंट्रोल करना चाहिए जब आप अंदर से गलत नहीं है तो फिर अपनी बातों और व्यवहार से भी गलत न दिखाएं इसी में समझदारी है।

विद्यार्थी ध्यान दें

आजकल के कुछ बच्चे और विद्यार्थी वर्ग छोटी-छोटी बातों पर मां-बाप से बहस करने लगते हैं और क्रोधित हो जाते हैं सभी ऐसे नहीं होते लेकिन जो भी हैं उनको इस बात को ध्यान में रखना होगा कि माता-पिता कभी किसी का बुरा नहीं चाहते वह जो कहते हैं उसके पीछे भविष्य में आने वाली बातों का सार छुपा होता है। उन्होंने हर परिस्थिति को देखा है उसका सामना किया है और उसका हल भी आपसे पहले निकाल चुके होते हैं इसलिए माता-पिता की बात पर क्रोधित ना हों और उनकी बात को मानकर आगे बढ़ें।

आजकल तो माता-पिता अधिक कुछ कहते भी नहीं हैं एक हमारा

जमाना था जब माता-पिता कहते नहीं सीधा पिटाई लगाते थे लेकिन आज हमें यह समझ आता है कि उनकी मार में भी उनका प्यार छुपा होता था।

इसलिए दोस्तों माता-पिता और गुरुजनों की बात का बुरा मान कर क्रोधित ना हों शांति से उनकी बात सुनें समझें और मानकर अमल करें इसी में आपकी भलाई है।

गुस्सा रोकने के उपाय

1 - गुस्सा आये तो चुप रहें
2 - गुस्से में धीरे बोलने की कोशिश करें
3 - गुस्सा आए तो बहस ना करें
4 - गुस्सा आए कंट्रोल ना हो रहा हो तो नहाने चले जाएं
5 - गुस्सा आए तो कॉमेडी वीडियो, बुक आदि पढ़ें देखें
6 - गुस्सा कंट्रोल करने के लिए योग ध्यान करें
7 - गुस्सा रोकने के लिए सामने वाले की बातों को अनसुना करें यहां ध्यान दें कभी-कभी यह उल्टा भी पड सकता है इसलिए हर बार हर किसी की बात अनसुनी नहीं की जा सकती जैसे बॉस का गुस्सा
8 - अपना पसंदीदा कुछ खाना पीना शुरू कर दें
9 - छत ,पार्क आदि में टहलने चले जाएं
10 - सबसे बड़ी बात गुस्से को डांट फटकार कर अपने अंदर से भगाएं

-☀- गुस्से में क्या न करें

1 - गुस्से में अधिक बहस ना करें
2 - गुस्से में कोई फैसला न करें
3 - गुस्से में कोई वाहन ना चलाएं
4 - गुस्से में फोन पर किसी से बात ना करें
5 - गुस्से में पुलिस या रिश्तेदारों को फोन ना करें
6 - गुस्से में किसी भी प्रकार का हथियार हाथ में न लें
7 - गुस्से में अपशब्दों का प्रयोग ना करें
8 - गुस्से में आपा ना खोयें
9 - गुस्से वाली जगह या व्यक्ति के पास ही जमकर ना बैठें
10 - क्रोध दिलाने वाले व्यक्ति के बारे में ना सोचें

-☀- याद रखें गुस्सा विनाश की जड़ है

इस गुस्से ने दुनियाँ में अनेकों घर बर्बाद कर दिए हैं
अच्छी खासी और सुख भरी जिंदगी जीने वाले लोग कुछ देर के क्रोध की वजह से अपना जीवन बर्बाद कर बैठे हैं इसीलिए हमें इस क्रोध को अपने जीवन से दूर रखना ही होगा ।
अहंकार और गुस्से की जगह आपसी प्यार और सकारात्मकता को बढ़ावा देना होगा गुस्सा दिलाने वाली बातों को घर में पैदा ही न होने दें अगर कोई स्थिति बनती भी है तो सबसे पहले समझ जाएं कि यह गुस्सा नाम का शत्रु हमें बर्बाद करने के लिए आ रहा है इसलिए चुप रहकर गुस्सा शांत करने की कोशिश करें, माहौल को शांत रखने की जिम्मेदारी

उठा लें यह न सोचें कि मैं छोटा या बड़ा हो जाऊंगा या हो जाऊंगी बल्कि आप देखेंगे जब माहौल सुधरेगा और शांति होगी तब वही पार्टनर की नजर में आप और बड़े हो जाएंगे । इस तरह आप अपने जीवन से गुस्से को भगाकर खुशियों को लाकर और भी सुखी और समृध्द हो जाएंगे

☀ गुस्से की गांठ न बनाएं

मैंने पहले भी इस बारे में लिखा है और फिर कहता हूं कि दांपत्य जीवन में सुबह का गुस्सा शाम तक और शाम का गुस्सा रात तक हर हाल में खत्म कर दें "बुजुर्गों का कहना है कि पति पत्नी का कोई झगड़ा नहीं माना जाता दोनों में से कोई एक रूठे तो दूसरा मना ले हठ करके एक दूसरे के भरोसे ना रहें इससे कोई छोटा बड़ा नहीं हो जाता बल्कि झुकने वाला और भी बड़ा हो जाता है" आशा है आप रिश्तों की इस डोर को मजबूती से पकड़े रहेंगे, प्यार भरे हाथों से जकड़ कर क्रोध को बाय-बाय कहते रहेंगे, अगर आप ऐसा समझदारी से करते रहेंगे, तो आपके जीवन में खुशी के समुद्र बहते रहेंगे,एक बार फिर से मैं आपके सुखी और समृध्द जीवन की कामना करता हूं धन्यवाद ।

जीत तुम्हारी होगी प्यारे ये तुम लेना मान
पाओगे सब कुछ यहां जो तुम लोगे ठान

ऐसी अनेक प्रेरक रचनायें हमारे यूट्यूब इंस्टा और फेसबुक चैनल पर सुन और पढ़ सकते है चैनल लिंक पुस्तक के अंतिम पेज पर हैं।

अध्याय 9

बच्चों का जन्म

अभी भी एक बहुत बड़ा वर्ग ऐसा है जो बच्चों को बगैर किसी योजना के जन्म देता है ऐसे में परिवार को बढ़ाने से पहले कुछ आवश्यक बातों को सीख और समझ लेना अति आवश्यक है सर्वप्रथम शादी अपने देश के कानून के आधार पर जो उम्र तय की है उसी के अनुसार की जानी चाहिए कम उम्र में बिल्कुल नहीं उसके बाद कम से कम 3 वर्ष तक पति पत्नी को बच्चों के बारे में नहीं सोचना चाहिए जब तक बच्चों के लिए उनके शुरुआती खर्च के लायक या जो आगे बताया जा रहा है उतना धन एकत्रित करने के बाद ही बच्चों के जन्म की प्लानिंग करेंगे तो आप और आपका परिवार सुख और सम्पत्ति को बहुत जल्द प्राप्त कर लेगा तो चलिए चलते हैं आगे के इस सफर पर जिसमें आपको बहुत सारी ज्ञानवर्धक बातें मिलेगीं ।

☀ बच्चों की वित्तीय प्लानिंग करें

शादी से पहले ही आपके पास पैसा है तो कम से कम ₹1 लाख एक बच्चे के नाम से 5 फंड बनाकर उनमें जमा करें अगर किसी कारणवश शादी से पहले ऐसा नहीं कर पाते हैं तो शादी के बाद बच्चे के जन्म से पहले कम से कम 1 लाख रुपए अवश्य जमा करें इस 1 लाख से क्या होगा इसके लिए आइये आगे विस्तार से समझते हैं

☀ म्युचुअल फंड से कर सकते हैं बच्चों की वित्तीय प्लानिंग

निवेश के नाम पर दुनियाँ भर में अनेक तरह की योजनाएं और निवेश के अनेक साधन मौजूद हैं परंतु वर्तमान में कुछ हद तक अच्छा रिटर्न देने वाला निवेश का जरिया म्युचुअल फंड है जो कि बहुत तेजी से दुनियाँ भर में अपनी धाक और पहचान बना रहा है इसीलिए मैं यहां म्युचुअल फंड का ही उदाहरण दे रहा हूं ।
आइये इसे विस्तार से समझते हैं पर जरूरी नहीं कि आप म्युचुअल फंड में ही पैसा जमा करें आप अपनी सुविधा और निवेश एक्सपर्ट की राय के अनुसार कहीं किसी और योजना में भी पैसा जमा कर सकते हैं बस ध्यान रहे ज्यादा लालच और जल्दी अमीर बनाने वाली गलत स्कीम में ना फंस जाएं।

तो आइये उदाहरण के लिए देखते हैं म्यूचुअल फंड जिसमें कि आप सबसे पहले पांच फंड चुनें-

1 - लार्ज कैप

2 - मिड कैप

3 - स्माल कैप

4 - मल्टी कैप

5 - गोल्ड फंड

अब इन पांच फंडों में ₹ 20 - 20 हजार रुपए डाल दीजिए और फिर एक बच्चे के जन्म की तैयारी कर लीजिए यह ₹ 1 लाख क्या करेगा इसे आप आगे के अध्याय **अमीरी की शुरुआत** में पढ़ेंगे

बच्चे और माता की सेहत का रखें खास ख्याल

जब बच्चा गर्भ में आता है तो फिर विशेष सावधानी बरतें कुछ लोग सावधानी के नाम पर हद से ज्यादा ही सावधानी बरतने लगते हैं और हल्के फुल्के काम और व्यायाम से भी दूरी बना लेते हैं जोकि स्वास्थ्य के नजरिये से ठीक नहीं हैं।

समय-समय पर डॉक्टर से सलाह लेते रहें उनके बताएं अनुसार चेकअप करवाते रहें और स्वास्थ्यवर्धक भोजन, दूध, फल आदि का सेवन गर्भवती महिला को कराते रहें।

इस तरह होने वाले बच्चे की पूर्ण स्वस्थ पैदा होने की संभावना अधिक से अधिक रहेगी।

कितने बच्चे पैदा करें

यहां सभी का मत अलग-अलग है आप अपने परिवार और खुद की समझ को ध्यान में रखते हुए फैसला लें बच्चे उतने ही हों जिनका भरण पोषण हम भली भांति कर सकें 2 से 3 बच्चे बहुत हैं आज की स्थिति के अनुसार बाकी आपकी मर्जी इससे अधिक फिर सुखी जीवन के लिए हितकर नहीं होगा यह ध्यान रखें।

करोड़ों लोग हैं जो बडे परिवार के भरण पोषण में ही फंसकर रह जाते हैं और अपने अनेक सपनों को पूरा नहीं कर पाते। और ऐसे लोग बाद में खुद यह बात स्वीकार करते हैं कि अधिक बच्चों के बड़े परिवार के कारण उन्हें बहुत परेशानियां हुई हैं। और वो यह मानते हैं कि छोटा परिवार होता तो हम एक अच्छा और सुखी जीवन जी सकते थे। आप यह गलती ना करें और -

"छोटा परिवार सुखी परिवार"

के मंत्र को ध्यान में रखते हुए अपने बच्चों को जन्म दें और अपने सुखी और सम्पन्न जीवन की शुरुआत करें धन्यवाद।

कोशिश करनी छोड न देना मान ये लेना बात
कोशिश करने वालो का ही ईश्वर देते साथ

ऐसी अनेक प्रेरक रचनायें हमारे यूट्यूब इंस्टा और फेसबुक चैनल पर सुन और पढ़ सकते है चैनल लिंक पुस्तक के अंतिम पेज पर हैं।

अध्याय 10

बचत की आदत और बजट बनाएं

आमतौर पर लोग ऐसा सोचते हैं कि मेरी तो आमदनी ही बहुत कम है मैं क्या बचाऊं मैंने एक चर्चा के दौरान कई ऐसे लोगों को यह बात करते सुना है कि अभी बचाने लायक पैसे ही नहीं कमाता जब ज्यादा कमाऊंगा तब यह बचत करना शुरू करूंगा यह कुछ नहीं बस अपने फिजूल खर्ची को छुपाने के लिए कही गई बिल्कुल झूठी बात है।
कोई भी व्यक्ति चाहे कितनी भी कम से कम आमदनी वाला हो वह चाहे तो अपनी आमदनी की 10% बचत कर सकता है। इसके लिये उसे सर्वप्रथम बजट बनाना होगा।

बजट से करें बचत की शुरुआत

अक्सर जब बचत की बात आती है तो कुछ लोग अपने खर्चों की दुहाई देकर अपना बचाव करते हैं पर वो अगर अपना बजट बनायें और छोटे छोटे अनावश्यक खर्चों पर रोक लगायें तो निश्चित ही बचत की शुरुआत कर सकते हैं। पता करें कि वो कौन से खर्चे हैं जिन्हें आप कम करके अपनी बचत कर सकते हैं उदाहरण के लिये -

-☀- अनावश्यक खानपान और खरीदारी न करें

मेरा एक दोस्त है जो बचत का रोना रोता रहता था एक दिन मैंने उसे उसके कुछ अनावश्यक खर्चे गिनाये जैसे -

1 - वह दिन भर में 10 से बारह चाय पीता था मेरे कहने पर अब उसने आधी कर दीं अब सेहत के साथ बचत भी होने लगी।

2 - तमाम OTT प्लेट फार्मों के मंहगे सब्सक्रिप्शन बंद कराये

3 - दुकान पर कई आनलाइन पेमेंट लेने के साधनों को हटाकर एक रखवाया।

4 - हर माह बेवजह मार्किट, मॉल जाकर की जाने वाली अनावश्क खरीदारी को रुकवाया।

मजे की बात ये थी कि हमने पूर्णरूप से कुछ भी बंद नहीं किया और ना उसपर कोई अधिक फर्क पडा मगर इन प्रयासों की वजह से वह अब कई हजार रूपये हर माह बचा रहा है और ऐसा करके बहुत खुश है, और मैं खुश हूं उसकी मदद करके।

-☀- बजट बचत की बात -☀-

अपना बजट खुद बना या विशेषज्ञों से बनवायेंगे
अपने बटुये के छोटे छोटे छिद्रों को बंद करायेंगे

अपनी बीबी को कम शापिंग के लिये मनायेंगे

अपने अनावश्यक खर्चों पर लगाम लगायेंगे

फिर अपनी बचत की आदत बनायेंगे

और उस बचत को निवेश में लगायेंगे

ऐसा आप करते जायेंगे करते जायेंगे
तो निश्चित ही आप अपने लक्ष्यों को पायेंगे

☀ भारत में गुल्लक सदियों से चली आ रही है

भारत में प्राचीन काल से ही बचत करने की एक तरह से प्रथा थी लोगों के घरों में एक दो या सबकी अलग-अलग गुल्लक होती थी उसमें थोड़े - थोड़े पैसे डालकर बचत की आदत बनाई जाती थी ताकि बच्चे बड़े होकर इसी के आधार पर चलें और बचत करें दुनियाँ भर में ऐसे प्रयोग होते थे। भारत में आज भी यह प्रथा चलन में है और बड़े और बच्चे थोड़े - थोड़े पैसे से बड़ी रकम जोड़ लेते हैं यह बचत का सर्वप्रथम और सर्वश्रेष्ठ उदाहरण है।
आप भी अपने बच्चों को इसके लिए प्रेरित करें ताकि उनमें बचत करने की आदत बन सके।

☀ कम से कम 10% धन अवश्य बचत करें

अभी तक अगर आप बचत नहीं कर रहे हैं तो जल्द से जल्द अपनी आमदनी का अधिक से अधिक और कम से कम 10% बचाना शुरू कर दीजिए जी हां शुरू तो कीजिए आपके दैनिक जरूरतों और मासिक खर्चे पर बहुत अधिक फर्क नहीं पड़ेगा करके देखिए आगे बताये गये तरीकों को अपनाकर आप बचत कर सकते हैं

☀ मुश्किल खर्चे में भी होगी बचत

बचत के लिए हमें ईपीएफओ से सीखना होगा भारत में कर्मचारियों के वेतन से 12% पहले ही काट कर कंपनियां कर्मचारी के खाते में जमा कर देती हैं। और इस तरह कर्मचारी के हाथ में पैसा आने से पहले ही उसकी बचत कर दी जाती है। यही तर्ज पर आप अपनी आमदनी से पहले ही 10 परसेंट बचाकर अलग खाते में रखें बाकी से खर्च चलाएं आप देखेंगे कि कब यह पैसा एक बड़ी रकम बन जायेगा आपको पता भी नहीं चलेगा।

तो फिर- **बचत करिये, और फिजूलखर्ची से डरिये** ।

☀ बचत को निवेश खाते में पहुंचायें

अब जब आपने पैसे की बचत शुरू कर दी है तो इसे अपने बचत खाते में ही न पड़ा रहने दें जी हां आप अपनी आमदनी का जो 10% बचा रहे थे उसको बस इतना ही रखें जिससे आपका चार से पांच महीने का खर्च चल जाए उसके बाद के पैसे को एफडी या म्युचुअल फंड या गोल्ड फंड मैं अपनी सुविधा अनुसार हर माह SIP (सिस्टमैटिक इन्वैस्ट प्लान) करना शुरू कर दें। इनके अलावा भी अपनी पसंद की किसी अन्य अच्छी और भरोसेमंद योजना में निवेश करें निवेश के लिए विशेषज्ञ और जानकारों से राय अवश्य लें।

अपनी उम्र रकम और अपने जोखिम के आधार पर तय करें कि मुझे किस योजना में पैसा लगाना है।

-☀- खाते में आटो डेबिट शुरू करें

अब जब आपने सिप शुरू कर दी है तो फिर एक काम और करना आवश्यक है आपका जिस भी बैंक में खाता है और जिस बैंक खाते से आप सिप कर रहे हैं उसमें ऑटो डेबिट शुरू कर दें यानि महीने के अगर आप ₹10000 इन्वेस्ट कर रहे हैं तो ऑटो डेबिट वह तरीका है जिसको चालू करने के बाद हर महीने तय तारीख पर आपके खाते से पैसे कट कर आपके उन सभी फंड में जमा हो जाएंगे जहां आपको जमा करने हैं इस प्रकार आप अधिक और आसानी के साथ हर महीने इन्वेस्ट कर पाएंगे । आपके पास पैसा आते ही उस खाते में उतना पैसा डाल दें बाकी का यह काम बैंक कर देगा। इसका सबसे बड़ा लाभ यह है कि आपको अपनी सिप की तारीख याद रखने और बार बार पैसा जमा करने की कोई टेंशन नहीं रहेगी। और इस प्रकार आप बिना रूकावट और बिना भूले अपने निवेश को लगातार कर पायेंगे और जब आप ऐसा करेंगे तो आप निश्चित ही अपने लक्ष्यों को प्राप्त करेंगे।

इसी आशा के साथ मैं एक बार फिर आपके सुखी और सम्रध्द जीवन की कामना करता हूं धन्यवाद ।

अध्याय 11

अपने पास कितना धन रखें

किसी भी निवेश को करने से पहले हमें किसी भी आपातकाल में होने वाले संभावित खर्च के लिये इमर्जेंसी फंड अवश्य बना लेना चाहिये। अब यह प्रश्न हमारे दिमाग में अवश्य आएगा कि कितना धन जमा रखें पहले तो मैं यहां साफ कर दूं कि मेरा मतलब जमा धन का यह है कि आपका वह पैसा जो सेविंग अकाउंट या एफडी में रखा है जिसे आप आपातकाल में कभी भी जल्द से जल्द निकाल कर अपनी जरूरत के आवश्यक खर्च को पूरा कर सकें।

अनेक वित्तीय विशेषज्ञ कम से कम 3 से 6 महीने के खर्च के बराबर धन रखने की बात करते आ रहे हैं कोरोना काल में सारी दुनियाँ ने देखा और माना कि इमर्जेंसी फंड कितना महत्वपूर्ण है अब यहां कंफ्यूज नहीं होना आप अपनी आर्थिक स्थिति को ध्यान में रखते हुए दोनों में से कोई एक विकल्प चुन सकते हैं।

जी हां दोनों ही सही है इसे इस प्रकार समझें कि - एक दिवसीय 50 ओवर मैच या t20 क्रिकेट मैच दोनों की ही अपनी - अपनी खूबसूरती और आनंद है यह आपके ऊपर निर्भर करता है कि आप कौन सा चुनते हैं अगर आपकी आमदनी कम है और आप वित्तीय रूप से मध्यवर्गीय हैं तो फिर आप तीन से चार महीने चुन सकते हैं।

कुछ पैसे घर पर भी रखें

आज के दौर में ऑनलाइन पेमेंट सिस्टम जैसे यूपीआई आदि पर हम इतने निर्भर होते जा रहे हैं कि कभी-कभी हमारी जेब या घर में कुछ सौ रुपए से लेकर कुछ हजार रुपए तक भी नगद नहीं रहते हैं हममें से अनेक लोगों को यह समस्या आती है कि हमने आनलाइन पेमेंट करना चाहा पर नेटवर्क नहीं था या हमारे फोन की बैटरी खत्म थी या फिर कभी-कभी सामने वाले विक्रेता पर ऑनलाइन पेमेंट लेने का माध्यम क्यूआर कोड आदि नहीं था इस वजह से हम पसंदीदा सामान नहीं ले पाए या हम उसकी सेवा का मूल्य नहीं दे पाए वहीं अगर हमारी जेब में नगद रुपए होते तो हम अपना काम कर लेते इसलिए मैं यह सलाह देना चाहूंगा कि अपने खर्च के बराबर का कम से कम आधा पैसा अपनी जेब में जरूर रखें टेक्नोलॉजी अपनी जगह सही है लेकिन कभी-कभी यह धोखा देती है ऐसा आपने भी अवश्य देखा होगा आपके साथ भी हुआ होगा।

आंखों देखी सच्ची घटना

मैं एक बार अपने गृह नगर बस से जा रहा था तो उस बस में एक व्यक्ति ने टिकट लेने के लिए यू पी आई से भुगतान की बात कही तो बस कंडक्टर ने पेमेंट लेने के लिए कोई साधन न होने की वजह से उस व्यक्ति को टिकट नहीं दिया और मजबूरन उस यात्री को बस से उतरना पड़ा वहीं मेरे जैसे कई लोग नगद रूपये रखने वाले आराम से अपने गंतव्य के लिए जा रहे थे। और यह संभव हो पाया नगदी की वजह से कई बार फोन में नेटवर्क ना होने की वजह से या बैटरी चार्ज ना होने की वजह से भी हम

आनलाइन पेमेंट नहीं कर पाते और इस तरह कई बार हमारे आवश्यक कार्य नहीं हो पाते। ध्यान दें टेक्नोलॉजी कितनी भी बढ़ जाए पूर्ण रूप से उस पर निर्भर नहीं रहना बुजुर्गों ने हजारों वर्ष पहले कहा है कि **"जोरू साथ का, और पैसा गांठ का"** यानी पत्नी वह जो साथ में रहे और पैसा वो जो जेब में हो, ये भी न करें कि आप सारा पैसा जेब में लेकर चलें अगर आवश्यक खर्च का 50% नगदी भी आप साथ रखते हैं तो आपके लिए हितकर होगा आशा करता हूं अब आप काफी कुछ समझ गए होंगे। दोस्तों अब हम अगले अध्याय में निवेश और उसके प्रकारों के बारे में विस्तार से जानेंगे

एक बार फिर से मैं आपके सुखी और समृध्द जीवन की कामना करता हूं और आशा करता हूं कि आप इन बातों को समझकर अपने जीवन में उतारेंगे और अपना जीवन सवाँरेंगे धन्यवाद।

होना नहीं उदास यहां मुश्किल से डर डर के

करते रहना करम मिलें फिर खुशियां भर भर के

ऐसी अनेक प्रेरक रचनायें हमारे यूट्यूब इंस्टा और फेसबुक चैनल पर सुन और पढ़ सकते है चैनल लिंक पुस्तक के अंतिम पेज पर हैं

अध्याय 12

निवेश के प्रकार और योजनाएँ

दोस्तों आज के युग में नित नये निवेश के प्रकार और विकल्प हमारे सामने आ रहे हैं ऐसे में एक निवेशक के तौर पर यह तय करना भी एक चुनौती पूर्ण कार्य है कि कौन सी योजना में निवेश किया जाए और कौन सा निवेश हमारी वर्तमान स्थिति के हिसाब से हितकर होगा आगे हम कुछ मुख्य योजनाओं और प्रकारों पर विस्तार से बात करेंगे जैसे -

1 - एफडी में निवेश

2 - सोने में निवेश

3 - जमीन में निवेश

4 - बिजनेस हिस्सेदारी निवेश

5 - कर्ज लाभ निवेश

6 - अपने बिजनेस में निवेश

7 - शेयर में निवेश

8 - म्युचुअल फंड में निवेश

9 - ई टी एफ में निवेश

10 - रेंट निवेश

11 - पी पी एफ योजना

12 - सुकन्या सम्रध्दि योजना

13 - बचत पत्र योजना

14 - मासिक आय योजना

15 - पेंशन योजना

तो आइये इन्हें विस्तार से समझते हैं कि हम किस तरह इन योजनाओं में निवेश कर सकते हैं और इनके क्या लाभ हैं ।

1 - फिक्स्ड डिपॉजिट में निवेश

इसके अंतर्गत लोग अपनी धनराशि को एक निश्चित समय अवधि के लिए एक मुश्त जमा कर देते हैं और उस पर निश्चित ब्याज कमाते हैं। अब समय से पहले लोग पैसा निकाल भी सकते हैं इसके लिए बैंक कुछ धनराशि जुर्माने के तौर पर लेती है।

यह योजना गारंटीड रिटर्न देती है इसलिए बहुत लंबे समय से लोग इस पर भरोसा भी करते हैं इसमें रिटर्न कम मिलता है लेकिन भरोसा ज्यादा है मार्केट के उतार-चढ़ाव से इसपर कोई फर्क नहीं पड़ता इसलिए अधिकांश लोग फिक्स डिपाजिट में अपना पैसा रखना पसंद करते हैं।

2 - सोने में निवेश

एफ डी की तरह ही गोल्ड में निवेश भी बहुत लोकप्रिय है लोग सोने के गहने, बिस्किट खरीदते हैं और अब तो भारत जैसे देश में कागजी गोल्ड जिसे सावरेन गोल्ड बॉन्ड कहा जाता है लोग इसमें भी निवेश कर रहे हैं सोना प्राचीन समय से ही एक बहुमूल्य धातु के तौर पर अपनी पहचान और जरूरत बनाए हुए है और आज के इस दौर में भी सोने में निवेश बहुत सुरक्षित निवेशों में गिना जाता है पर यह भी एफ डी की तरह 8 से 10% रिटर्न ही देता है मौजूदा समय और हालात में कम या ज्यादा भी हो

सकता है लेकिन सोने में निवेश हमेशा एक सुरक्षित निवेशों में गिना जाता है इस बात में कोई दो राय नहीं है। तो आप अपनी वक्त जरूरत और हालात के हिसाब से इसे चुन सकते हैं और अब तो गोल्ड ईटीएफ और गोल्ड म्युचुअल फंड भी उपलब्ध हैं।

3 - जमीन में निवेश

अगर आपके पास अधिक पैसा है तो आप किसी शहर या रोड के आसपास प्लाट या फिर खेती आदि के लिए बड़ा भू-भाग खरीद सकते हैं जिसे आप किराए पर देकर या खुद कुछ कार्य कर सकते हैं साथ ही उस जगह की कीमत साल दर साल बढ़ने पर आप अपनी जरूरत और मुनाफे के अनुसार बेचकर लाभ प्राप्त कर सकते हैं। दुनियाँ भर में लोग जमीन खरीद और बेचने के व्यवसाय में लगे हुए हैं पर अब यह निवेश बड़े निवेशकों का ही क्षेत्र बन गया है क्योंकि इसमें एक साथ बड़े पैसे की आवश्यकता होती है जमीन को दुनियाँ भर में रियल स्टेट के नाम से जाना जाता है यानी असली साम्राज्य जी हां इसे एक दूसरे नाम से भी जाना जाता था लेकिन लोगों ने इसका नाम बदल दिया रियल ऐसेट्स यानी असली संम्पत्ति, जमीन का निवेश हमेशा ही लाभप्रद होता है इसमें कोई दो राय नहीं है हमारे बुजुर्ग हमेशा सबसे पहले जमीन और सोने में ही निवेश करते थे।

अगर आप जमीन खरीदने के लायक सक्षम हैं तो फिर आप बेझिझक सभी कानूनी कार्रवाई को पूरा करते हुए और जानकार लोगों की सलाह मशवरा और साथ लेकर जमीन खरीद सकते हैं आपको निश्चित ही लाभ होगा।

4 - बिजनेस हिस्सेदारी निवेश

इसके अंतर्गत आजकल लोग किसी दूसरे के बिजनेस आइडिया पर पैसा लगाते हैं और उसके बदले में उसके प्राफिट से तय किए गए ब्याज दर का लाभ प्राप्त करते हैं यानी कि अपना पैसा दूसरे व्यक्ति को दे देते हैं वह बिजनेस करता है और निवेशक नियमानुसार अपना पैसा लेता है अभी यह निवेश योजना भी जोर पकड़ रही है।

अगर बिजनेसमैन का आइडिया दमदार है उसके अंदर बिजनेस को ऊंचाइयों तक ले जाने की क्षमता और योग्यता है तो यह निवेश योजना भी एक निवेशक के लिए वरदान साबित हो सकती है। लेकिन इसमें यह जोखिम भी है कि अगर बिजनेस नहीं चला या किसी कारण बस उसमें कोई कमी आ गई तो फिर आपका पैसा भी खतरे में पड़ सकता है। इसलिए सोच समझ कर ही इसमें निवेश करें क्योंकि यह काफी जोखिम भरा भी हो सकता है।

5 - कर्ज लाभ निवेश

यहां आप किसी दूसरे को कर्ज देते हैं और उससे तय दर पर ब्याज प्राप्त करते हैं यहां यह बात भी गौर करने वाली है कि अगर उस व्यक्ति का किसी कारणवश अपना बिजनेस फेल हो जाता है और वह ईमानदार नहीं है तो पैसा वापस करने के लिए मना भी कर सकता है ऐसे में आपका पैसा खोने की संभावना भी बनी रहती है। साथ ही किसी की मदद करके बदले में कुछ कमाने के सही तरीके और भावना को आघात भी लग सकता है। अतः सोच समझकर उचित और ईमानदार व्यक्ति या

कंपनी, संस्था को कर्ज दें तो आप लाभ प्राप्त कर सकते हैं, लेकिन यहां भी उच्च जोखिम बना रहता है।

6 - अपने बिजनेस में निवेश

अगर आप एक बिजनेसमैन है तो फिर आपके लिए इससे अच्छा कोई ऑप्शन नहीं है दुनियाँ भर के बड़े व्यापारी अपने बिजनेस को इसी तरीके से खड़ा और बड़ा करते हैं वह बिजनेस से प्राप्त प्रॉफिट को उस बिजनेस को और बड़ा करने और विभिन्न क्षेत्रों तक फैलाने में करते हैं साथ ही बिजनेस को डायवर्सिफाई करने के लिए नये और अच्छे बिजनेस को बनाने में भी कर सकते हैं जो कि आपको अधिक आमदनी के साथ-साथ अन्य व्यावसायिक क्षेत्र की सुरक्षा भी प्रदान करता है कई बार आपका एक व्यवसाय कम आमदनी या घाटा देता है तो ऐसे में आप अपने दूसरे व्यवसाय की आय से अपने लक्ष्य को प्राप्त कर सकते हैं टाटा, बिरला रिलायंस, अडानी, गूगल, माइक्रोसॉफ्ट, कोका-कोला, जैसी सैकड़ों कंपनियां एक से अधिक क्षेत्रों में इसलिए कार्य करती हैं कि वह अपने बिजनेस को अन्य क्षेत्रों में फैला सकें जिससे वह अधिक से अधिक पैसा कमाने के साथ-साथ वित्तीय रूप से भी सुरक्षित रहें तो अगर आप अपने बिजनेस में निवेश करते हैं तो इससे अच्छा कुछ भी नहीं है।

7 - शेयर में निवेश

शेयर बाजार 90 के दशक में भारत जैसे अनेक देशों में बस कुछ प्रतिशत आबादी या यूं कहें कि महानगरों तक ही सीमित था मगर अब ऐसा नहीं है तकनीक ने दुनियाँ भर में खासकर भारत जैसे विशाल देश में स्मार्टफोन और 4 जी इंटरनेट ने शेयर मार्केट को बहुत बड़ा बढ़ावा दिया है एक तरीके से कहें तो एक क्रांति ला दी है शेयर बाजार आज ग्रामीण जनता तक पहुंच गया है ऐसे में अब शेयरों में निवेश बड़ी तेजी से बढ़ रहा है और लोग अपनी क्षमता ज्ञान और जानकारी के आधार पर अच्छी कंपनियों के शेयरों में निवेश करके आय प्राप्त कर रहे हैं पर यहां इसके फायदे हैं वही अधिक लालच और अज्ञानता वश FNO , इंट्राडे ट्रेडिंग आदि की वजह से लोग बर्बाद भी हो रहे हैं। अनेक एक्सपर्ट का मानना है कि ट्रेडिंग में 90% से अधिक लोग फेल होते हैं।

सितंबर 2024 की SEBI की रिपोर्ट के अनुसार ट्रेडिंग में 93% से अधिक आम लोगों ने पैसा खोया है। इसलिये इससे दूर रहने में ही भलाई है। सीधे शेयर में निवेश करने वाले व्यक्ति को मार्केट एवं कंपनी आदि का विशेष ज्ञान होना अति आवश्यक है साथ ही लंबे समय में 5 से 10 साल के लिए किया गया निवेश फायदेमंद रहता है। मेरा मानना है कि शेयर मार्केट में नये निवेशक को म्युचुअल फंड या ईटीएफ के माध्यम से शुरुआत करनी चाहिए। म्युचुअल फंड और इसके कुछ फायदों के बारे में हम पहले भी बात कर चुके हैं और कुछ आगे भी करेंगे यहां ध्यान दें किसी भी प्रकार का निवेश हो आप विशेषज्ञ की सलाह लेना ना भूलें धन्यवाद।

8 - म्युचुअल फंड निवेश

शेयर बाजार इसके बारे में आम जन मानस में एक धारणा है कि यह तो सट्टा बाजार है या यहां तो घाटा होता है ऐसी अनेक भ्रांतियौं पर म्युचुअल फंड ने लगाम लगाने का काम किया है। शेयर में जहां आप अपना पैसा किसी एक जगह निवेश करते हैं वही म्युचुअल फंड में किसी एक फंड में लगाया गया पैसा 100 से 500 कंपनियों में निवेशित होता है इसे ऐसे समझें कि आपका ₹1 लाख किसी XYZ नाम की कंपनी में लगा है और किसी कारणवश उस कंम्पनी का शेयर जीरो होता है तो आपका पैसा भी खत्म हो जाएगा मगर वहीं एक लाख रुपये आपका किसी एक म्युचुअल फंड में लगा है जिसमें कि 100 कंपनी हैं तो अगर उसमें से 10 कंपनी के शेयर जीरो भी हो जाते हैं तो भी आपका पैसा जीरो नहीं होगा साथ ही आपको लंबे समय में अच्छा मुनाफा करके दे सकता है।

यह बात ग़ाद रखें कि जैसे किसी एक शेयर में सारा पैसा नहीं लगाना चाहिए वैसे ही किसी एक म्युचुअल फंड या ईटीएफ कंपनी में भी पैसा नहीं लगाना चाहिए हमेशा अलग-अलग तरह के फंड जैसे- लार्ज, मिड, स्मॉल कैप, आदि फंड चुनें तो ज्यादा बेहतर होगा।

मैं यहां विषय को अधिक लंबा नहीं खींचना चाहता पर संक्षेप में यही कहूंगा कि शेयर मार्केट में निवेश का म्युचुअल फंड और ई टी एफ वर्तमान में सर्वोत्तम तरीका है विशेषज्ञ कहते हैं कि जब आप गाड़ी को चलाना नहीं जानते हैं तो फिर उस व्यक्ति की मदद लें जिनको चलाना आता है वह आपसे फीस लेंगे पर आपको सुरक्षित घर तक तो पहुंचा

देंगे मगर आप अधिक लालच अति उत्साह में गाडी खुद ड्राइव करते हैं तो एक्सीडेंट का खतरा भी हो सकता है।

ऐसे में बेहतर यही है कि विषय विशेषज्ञों के जरिए अपनी निवेश यात्रा को थोड़ा धीरे ही सही सफर का आनंद लेते हुए सुरक्षित अपने वित्तीय लक्ष्य तक पहुंचने में ही भलाई है ।

9 - ई टी एफ निवेश

जिस प्रकार म्युचुअल फंड अनेक शेयरों का बंडल होता है उसी प्रकार ईटीएफ भी कई सारे शेयरों से मिलकर बनता है इसमें फर्क यह होता है कि जहां म्युचुअल फंड शेयर की सजीव उतार-चढ़ाव नहीं दिखाता और अगले दिन मार्केट के उतार-चढ़ाव के आधार पर आपके प्रॉफिट और लॉस को दिखाता है वहीं ईटीएफ ऐसा करता है। दूसरे शब्दों में कहें तो ईटीएफ शेयर की तरह रियल टाइम अपडेट रहता है और शेयर की तरह लाइव आपके फायदे और नुकसान को दर्शाता है यह म्युचुअल फंड से भी कम एक्सपेंस रेशियो पर उपलब्ध हैं। नये निवेशक को किसी शेयर की जगह ईटीएफ से शुरुआत करना सबसे बेहतर होता है क्योंकि इसमें अनुभव शेयर के जैसा होता है परंतु सुरक्षा म्युचुअल फंड जैसी तो एक तरीके से कहा जाए तो शेयर और म्युचुअल फंड इन दोनों के बीच का जो तरीका है वह ईटीएफ निवेश है। इसे ऐसे भी समझें कि शेयर और म्युचुअल फंड दोनों का आनंद ईटीएफ निवेश में है। यह कई सारे शेयरों से मिलकर बनता है इंडेक्स म्युचुअल फंड की तरह इंडेक्स ईटीएफ भी होते हैं।

भारत सहित दुनियाँ भर में म्युचुअल फंड की तरह ई टी एफ भी काफी लोकप्रिय हो रहा है। निवेश की बात करें तो भारी मात्रा में लोग इसमें भी निवेश कर रहे हैं जिस प्रकार आप लंबी रेस को जीतने के लिए शानदार मजबूत घोड़े को चुनते हैं उसी प्रकार एक अच्छे ईटीएफ प्लान को चुनें उसके बारे में जानकारी हासिल करें क्यों कि म्युचुअल फंड और ईटीएफ उच्च जोखिम रखते हैं इसलिये बाजार विशेषज्ञ से बात करके पूरी तरह संतुष्ट होने और अपनी जोखिम क्षमता देखने के बाद ही निवेश करें।

10 - रेंट निवेश

ऐसे लोग जो अपनी वस्तुओं को किराये पर दे सकते है वो इसमें निवेश कर सकते हैं। इसमें ऐसे लोग जमीन, घर, माल, दुकान, फ्लैट, कार, ट्रक, आदि खरीद कर उसे किराए पर देकर उससे आमदनी प्राप्त करते हैं। शहरी क्षेत्र में इस प्रकार के निवेश लाभदायक सिध्द हो रहे हैं और लोगों में इस निवेश को बहुत अधिक सुरक्षित भी माना जाता है क्यों कि यह भी एक बिजनेस है।

11 - पी पी एफ योजना

.

पी पी एफ यानि कि - पब्लिक प्रोविडेंट फंड कई सारे फायदों से भरी योजना है। इसमें एक वर्ष में अधिकतम 150000 तक निवेश कर सकते हैं। इसमें एफडी से कुछ अधिक रिटर्न मिलता है। इसमें 5 वर्ष का लॉकिन भी होता है। इसमें चर्कवर्ती ब्याज के साथ साथ अर्जित आय कर मुक्त होती है जो इस योजना को और भी आकर्षक बनाती है।

लम्बे समय के लिये निवेश और पैसे की सुरक्षा प्रदान करने वाली इस योजना की परिपक्वता अवधि 15 बर्ष होती है। अपने पैसे की सुरक्षा के साथ अच्छे रिटर्न को पाने की चाहत रखने वाले लोग इस योजना में निवेश कर सकते हैं।

12 - सुकन्या सम्रध्दि योजना

यह योजना भारत सरकार द्वारा अपने देश की नन्हीं बेटियों के सुनहरे भविष्य को ध्यान में रखकर चलाई जा रही है। इसकी कुछ विषेशतायें हैं जैसे- 10 वर्ष से कम उम्र की बालिका का खाता उसके माता पिता द्वारा किसी पोस्ट आफिस या बैंक में खोला जाता है। इसमें एक वित्त वर्ष में न्यूनतम 250 रूपये खाता चालू रखने के लिये जमा करना आवश्यक हैं इसमें एक साल में अधिकतम 1.5 लाख रूपये ही जमा कर सकते हैं। यह योजना FD और PPF से अधिक ब्याज के साथ साथ कर में भी छूट प्रदान करती है।
अधिक जानकारी के लिये अपने नजदीकी बैंक या पोस्ट आफिस में संपर्क करें और लाभ उठायें।

13 - बचत पत्र योजना

भारत में डाकघर के माध्यम से इस योजना में निवेश किया जाता है ग्रामीण क्षेत्र में यह योजना काफी लोकप्रिय है इसके अंतर्गत आपको पैसे के बदले की वैल्यू के बराबर का एक प्रमाणपत्र दे दिया जाता है जिसमें आपके धन की वापसी के साथ-साथ कितने वर्ष में दोगुना हो जाएगा या आप कितने वर्ष तक निवेशित रहते हैं, आदि जानकारी से युक्त होता है

इसे निवेशक को संभाल कर रखना होता है तथा समय पूरा होने पर अपने बढे हुए निवेश को प्रपत्र जमा करके निकाल लिया जाता है यह भी एक सुरक्षित और गारंटी रिटर्न देने वाली योजना है। ऐसे निवेशक जो अपने निवेश पर कोई जोखिम नहीं लेना चाहते उनके लिए अच्छी निवेश योजना है।

14 - मासिक आय योजना

इस योजना में लोग एक निश्चित रकम हर माह या एक मुस्त जमा करते हैं बदले में तय ब्याजदर के अनुसार जो भी ब्याज बनता है निवेशक को हर माह दी जाती है जमा किए गए पैसे पर जो ब्याज बनता है वही दिया जाता है।

इस प्रकार निवेशक का पैसा भी सुरक्षित रहता है तथा व्याज से प्राप्त आय से लोग अपनी ज़रूरतें एवं अपने मासिक खर्च को पूरा करते हैं। भारत में बैंकों द्वारा चलाई जाने वाली बहुत सी लोकप्रिय योजनाओं में से यह एक योजना है। पोस्ट आफिस में भी मासिक आय योजना के अंतर्गत लोग पैसा निवेश करते हैं। यह एक निश्चित आय के साथ जमा किए गए पैसे की सुरक्षा भी प्रदान करता है अगर आपके पास अधिक पैसा है तो ऐसी योजना में भी कुछ पैसा जमा करना चाहिए। ऐसा नहीं है कि कम रकम वाले निवेशक अपना पैसा निवेश नहीं कर सकते यह आपकी अपनी जरूरत और निश्चय के ऊपर निर्भर है पर 50 से 60 की उम्र पर सही विकल्प हो सकती है।

15 - पेंशन योजना

भारत सहित दुनियाँ भर में अनेक प्रकार की पेंशन योजनाएं देशकाल स्थिति के अनुसार विभिन्न बैंकों और सरकारों द्वारा चलाई जाती हैं इनका मुख्य उद्देश्य लोगों को बुढ़ापे में वित्तीय सुरक्षा प्रदान करना है पेंशन योजना 60 की उम्र के बाद एक आवश्यक विकल्प होना चाहिए जिससे कि मनुष्य अपनी जरूरत को अपनी पेंशन से पूरा कर सकें भारत में अटल पेंशन योजना, ईपीएफ पेंशन योजना, व्रध्दावस्था पेंशन, NPS जैसी अनेक योजनाएं हैं। ईपीएफ पेंशन में कर्मचारी के खाते में एक निश्चित रकम हर महीने जमा होती है उतनी ही रकम कंपनी और सरकार मिलकर जमा करती है इस प्रकार 25 से 30 वर्षों में एक बड़ी रकम जमा होती है जिसमें से व्यक्ति को पेंशन के रूप में हर माह पैसा दिया जाता है। हमने उदाहरण के लिए यहां कुछ एक योजना का जिक्र किया है दुनियाँ भर में सैकड़ों सरकार और कंपनियां अपनी अपनी जनता की जरूरत के हिसाब से पेंशन योजनाएं लागू करती हैं आप अपनी पसंद और जरूरत के हिसाब से कोई ना कोई पेंशन योजना को अवश्य शामिल करें। कई पेंशन योजना और प्लान है जिन्हें आप देख और चुन सकते हैं। यहाँ ध्यान दें निवेश के प्रकार स्थाई और योजनायें अस्थायी होती हैं

☀ मुद्रास्फीति और निवेश दोगुना होने का समय

विषेशज्ञों का कहना है कि आप चाहे किसी भी योजना में निवेश करें मुद्रास्फीति दर अगर 8% है और आप अपने निवेश पर भी अगर 8% ब्याज प्राप्त करते हैं तो वास्तव में आप कुछ भी नहीं कमा रहे इसलिये

निवेश करते समय आप अपना निवेश उन असेट्स में करें जो मुद्रास्फीति दर से अधिक ब्याज देते हैं।

इसी प्रकार आप 72 के नियम से यह जान सकते है कि आपका निवेश कितने समय में दोगुना होगा इसके लिये आप 72 में निवेश पर मिलने वाली ब्याजदर से भाग दें जो नंम्बर आयेगा उतने साल में आपका पैसा दोगुना होगा।

आशा करता हूं कि आप इन बातों को समझकर अपने जीवन में उतारेंगे और अपना जीवन सवारेंगे मैं एक बार फिर आपके सुखी और संम्पन्न जीवन की कामना करता हूं धन्यवाद ।

बुनो सपने नये यारो हार कर रूक नहीं जाना
आयें कितनी भी कठिनाई यार तुम झुक नहीं जाना
कोशिशें करते जाओ तुम मिलेंगी मंजिलें तुमको
सामने देखकर मुश्किल तुम डरके छुप नहीं जाना

ऐसी अनेक प्रेरक रचनायें हमारे यूटूयूब इंस्टा और फेसबुक चैनल पर सुन और पढ़ सकते है चैनल लिंक पुस्तक के अंतिम पेज पर हैं।

अध्याय 13

अमीरी की शुरुआत

इसके बारे में हम अध्याय 2 में भी बात कर चुके हैं मगर वहां हमने शिक्षा के चुनाव के बारे में बात की थी और संक्षेप में लिखा था यहां हम शिक्षा के खर्च और आमदनी पर बात करेंगे पिछले अध्याय में जहां मैंने बच्चों के जन्म से पहले 1 लाख के पांच फंड बनाने को कहा था जिससे अगर आप 5 म्युचुअल फंड से सामान्य रूप से 14% परसेंट की व्याज प्राप्त करते हैं तो 5 साल बाद 198978 रुपए हो जाएंगे और यही रुपए 5 वर्ष और रखते हैं तो 395925 हो जाएंगे अभी आप बच्चे की पढ़ाई का खर्च अपनी वर्तमान नौकरी या बिजनेस से करते रहें इस पैसे को और 10 साल के लिए रखे रहेंगे तो यह रुपया 20 साल बाद बढ़कर 1567573 रुपया हो जाएगा अब आपका बच्चा भी 20 बरस का हो गया और आपको इसकी उच्च शिक्षा के लिए पैसे की जरूरत पड़ेगी तो लीजिए आपके पासपैसातैयारहै।

अपनी जेब देखें

क्योंकि आपने मात्र ₹ 1 लाख रुपये ही डाले थे इसलिए हम आपको मध्यमवर्गीय परिवार मानते हुए यह सलाह देंगे कि बच्चे की शिक्षा के लिए सारा पैसा ना निकालें 10 लाख ही निकालें बाकी 567573 को 5 साल और इन्वेस्ट रखते हैं तो 11 29350 रुपए होते हैं जिसमें से अधिक

से अधिक 5 लाख रुपए उस बच्चे की शादी में खर्च करें बाकी 629350 रुपए इन्वेस्ट रखें अब जब आपने 10 लाख रुपया पढ़ाई पर खर्च किया है तो कम से कम ₹ 50000 प्रति माह की नौकरी या बिजनेस तो बच्चा कर ही रहा होगा वह जो ₹ 1 लाख अपने बच्चे के जन्म पर डाला था उसमें से आपने 10 लाख रुपए उस बच्चे की शिक्षा पर खर्च कर दिए 5 लाख शादी में और अब आपके पास 629350 जो बचे हैं। वह बच्चा जो कि अब 25 साल का नौजवान बेटा या बेटी है उसके लिये अब इस बचे पैसे को 10 साल तक इन्वेस्ट रखें तो यह पैसा बढ़ाकर 2491760 रुपए हो जाएगा जिसमें से 14 लाख रुपए अपने घर गाड़ी आदि के लिए सहायतार्थ निकाल सकते हैं और अब उस बच्चे की उम्र होगी 35 साल तो उसके पास उसकी एक नौकरी होगी शादी हो चुकी होगी गाड़ी या एक मकान अपने पास होगा और यह भी आपके एक छोटे से इन्वेस्टमेंट की बदौलत।

☀ वित्तीय स्वतंत्रता और चिंता मुक्त जीवन

अब बाकी बचे 1091760 रुपए आगे 17 साल के लिए इन्वेस्ट रखते हैं और ब्याज दर वही 14 परसेंट मानकर चलते हैं तो 1132 5 854 रुपए होते हैं इस तरह आपका यह बच्चा मात्र ₹100000 के निवेश से 52 वर्ष की उम्र पर करोड़पति बन जाएगा और वित्तीय रूप से आत्मनिर्भर भी हो जाएगा।

पेंशन व्यवस्था और सुखी जीवन

अब जब आपके इस बच्चे की उम्र 52 वर्ष है तो उस पैसे में से 50 लाख रुपए को अपने घर बच्चों की शादी आदि पर खर्च कर सकता है बाकी बचे 6325854 रूपये को निकाल कर फिक्स इनकम, एफडी या डेट फंड में कम ब्याज दर पर सुरक्षित निवेश कर दें क्योंकि अब पैसे को उतार-चढ़ाव वाले जोखिम से बचाना जरूरी है। अब उस पैसे को कम से कम 4 अलग-अलग बैंक या स्कीम में रखते हैं और मान लेते हैं कि सभी से मात्र 8% फिक्स रिटर्न मिलता है तो आपको हर महीने 41894 रूपये की आय प्राप्त होगी। और यह आमदनी कम लगती है तो ऊपर जो 50 लाख रुपए खर्च किए थे उसे ना करें और पूरा पैसा फिक्स कर दें तो आपको हर महीने 70000 रुपए से अधिक की आमदनी प्राप्त होगी यह आपकी परिस्थिति और निर्णय पर निर्भर करता है कि आप सारा पैसा इन्वेस्ट करते हैं या आधा पैसा। अब आप वित्तीय स्वतंत्रता के साथ रिटायरमेंट प्राप्त कर सकते हैं या फिर आपने अपने जिस बच्चे के लिए यह किया था वह बच्चा आर्थिक रूप से आजाद हो सकता है।

आपके बच्चे की कमाई

उपरोक्त सारी आय और खर्चे से लेकर रिटायरमेंट तक सभी हमने मात्र ₹ 1 लाख के निवेश और 14 परसेंट की वार्षिक ब्याज दर से प्राप्त कर लिया यहां आपके बच्चे ने भी तो 25 वर्ष की अवस्था से 55 वर्ष तक के बीच 30 वर्ष में कम से कम 50 हजार रुपए महीना की आए कमाई होगी और उससे मात्र ₹10000 महीना भी बचाया होगा तो 36 लाख रुपया

और बचाया होगा और इन्वेस्ट करके बढाया होगा उसे तो हम जोड ही नहीं रहे हैं। यहां तो आपने मात्र ₹ 1 लाख से अपने बच्चों को करोड़पति बना दिया और बच्चे की पढ़ाई, शिक्षा, घर, और उसके लिए आजीवन लगभग ₹ 40000 से 70000 महीना की निष्क्रिय आमदनी शुरू कर दी इसी योजना को आपका बच्चा भी अपने बच्चों के लिए अपनाएगा और उसके बच्चे भी अपने बच्चों के लिए बस अपनी जरूरत, समय, देशकाल और परिस्थिति के अनुसार इन्वेस्ट अमाउंट 1 से 5 या 10 लाख रुपए जरूर बढ़ायें और अपना जीवन सुखी बनाएं मैं एक बार फिर आप और आपके परिवार के सुखी और समृध्द जीवन की कामना करता हूं धन्यवाद

नोट- यह कैलकुलेशन उदाहरण के लिये है, मार्केट के उतार चढ़ाव और ब्याज दर पर भिन्न भी हो सकता है । किसी भी निवेश से पहले विषेशज्ञ से सलाह लेना न भूलें।

☀ निवेश के लिए कितने फंड सही

आमतौर पर फंड में सिप या एक मुश्त पैसा इन्वेस्ट करने वाले इन्वेस्टर के मन में यह सवाल जरूर आता है कि कितने फंड में इन्वेस्ट किया जाए मार्केट में एक से बढ़कर एक कंपनी और उसके अलग-अलग कैटेगरी के अनेकों फंड देखकर एक इन्वेस्टर सोचता है कि कितने फंड अपने पोर्टफोलियो में रखे जाएं।

लोग अपनी-अपनी स्कीम और फंड के फायदे दिखाकर इन्वेस्टर को ललचाते हैं आज मार्केट में म्युचुअल फंड की 20 से 25 कंम्पनीयां और इनकी सैकडौं स्कीम उपलब्ध हैं इस प्रकार देखा जाए तो इन्वेस्टर को

अलग-अलग हर केटेगरी का मात्र एक-एक फंड भी लेता है तो उसके पोर्टफोलियो में 20 से 25 फंड हो जाएंगे और आए दिन नई-नई कंपनियां नई-नई लोक लुभावन स्कीमों से भरे फंड ला रही हैं ऐसे में एक इन्वेस्टर किस तरीके से कितने फंड ले यह एक बड़ा और पेचीदा सवाल हो गया है।

इन्वेस्टर को अधिक फंड मैनेज करने आदि में अनेक परेशानियों का हवाला देकर मार्केट एक्सपर्ट आजकल अपने पोर्टफोलियो में कम से कम 5 से 6 फंड रखने की सलाह देते हैं हो सकता है वह सही हों पर मैं इनसे सहमत नहीं हूं। मेरे जैसा इन्वेस्टर जो हर रोज अनेक स्कीम और तरह-तरह के फंड देखता है वह किस तरह से अपने आपको रोके और उसके पीछे क्या फायदा या नुकसान है यह विस्तार से कोई नहीं बताता ऐसे में आपको अपने पोर्टफोलियो में कम से कम 8 या अधिक से अधिक 12 फंड रखने चाहिये। अब इसके पीछे क्या वजह है इसको आप आगे पढ़ेंगे।

☀ 12 महीने 12 फंड

आप अपने पोर्टफोलियो में 8 से 12 फंड रख सकते हैं इसके पीछे की बजह यह है कि साल में 12 महीने होते हैं और अगर आप 12 फंड रखते हैं तो आपको हर महीने का एक फंड हो जाएगा । यानि 8 इक्विटी MF, 1FD, 1Gold, 1Silver ,और 1पेंन्शन फंङ। अपनी वित्तीय आजादी के लिए आज आप इन्वेस्ट कर रहे हैं तो आप एक फंड से निवेश शुरू करेंगे और आखिरी वाले फंड पर पहुंचेंगे तब तक पहले नंबर वाले फंड को ग्रो करने के लिये 1 वर्ष का समय मिल जाएगा इस तरह हर फंड को

पैसा बढ़ाने के लिए एक-एक साल का समय मिल जाएगा और आपको हर महीने एक फंड से पूरे एक साल में प्राप्त हुआ रिटर्न मिलेगा। जब आप पेंशन लेते हैं तब आप पैसा डेड फंड में रखें और यहां यह भी ध्यान रखें कि सिर्फ इसी एक स्ट्रीम में ही सारा पैसा न रखें

आपको 1 साल में एक फंड से पैसा निकालने का मौका मिलेगा तो निश्चित ही उस फंड में पैसा अधिक प्राप्त होगा। हो सकता है कुछ लोग यहां ओवर लैपिंग य़ानि - एक ही कंम्पनी कई फंड में होना और अधिक फंड खर्च की बात कहें मैं मानता हूं पर मेरी नजर में एक निवेशक के लिये उससे भी कहीं अधिक आवश्यक पैसे की सुरक्षा के लिये उसे डाइवर्सिफाइ करना है ।

समय लौटकर नहीं आयेगा

बचत और इन्वेस्टमेंट करें पर इसके पीछे अपनी आम जरूरतों एवं अपने छोटे छोटे सपनों, खुशियों को ना मारें और ये ना सोचें कि जब बहुत सारा पैसा आयेगा तब ये सब करूंगा।

माना कि आप सब पा लेंगे परंतु वो जवानी, वो उमंग, वो बच्चों का बचपना कहां से लायेंगे, और तब आप ये सब बातें याद करके पछतायेंगे अनेकों लोग पैसा कमाने की चाहत में अपने कार्य में इस कदर डूब जाते है कि वह अपना सामान्य जीवन भी ठीक से नहीं जीते और जब समझते और चेतते हैं तब तक बहुत देर हो चुकी होती है इसलिये थोड़ा थोड़ा ही सही जीवन में रंग भरते रहैं ताकि जब आपके जीवन की सुंदर तस्वीर बने तो उसमें हर रंग दिखे। मैं एक बार फिर से आपके सुखी और समृध्द जीवन की कामना करता हूं और आशा करता हूं कि आप इन बातों को समझकर अपने जीवन में उतारेंगे और अपना जीवन सवांरेंगे धन्यवाद।

अध्याय 14

खरीदारी पर ध्यान दें

अक्सर हम अपनी जरूरत के सामान को खरीदने के साथ-साथ बहुत सारी चीजें ऐसी खरीद लेते हैं जो हमारे ज्यादा काम की नहीं होतीं या वह एक दो बार इस्तेमाल तक की सीमित होती हैं ऐसे में हमें देखना चाहिए कि क्या उनके ऐसे विकल्प हैं जिससे बिना खरीदे हमारा काम चल सके अगर ऐसा है तो फिर हमें उन विकल्पों का इस्तेमाल कर लेना चाहिए

उदाहरण के तौर पर एक छोटे किसान अपनी खेती किसानी के लिए कृषि यंत्रों को खुद 5 से 10 लाख रुपए लगाकर खरीदने की बजाय उनको किराए पर लेकर उनसे अपना कार्य पूर्ण कर लेते हैं इस प्रकार वह अपनी बचत के अनुसार अपना कार्य कम पूंजी से पूर्ण कर लेते हैं
इसी तरह अनेक बिजनेसमैंन किराये पर गोदाम दुकान और मशीनों को लेकर अपना काम कर रहे हैं इस तरह इन चीजों को खरीदने का पैसा बच जाता है जोकि शुरूआत में बड़ा लाभकारी होता है।

कार कुछ दिन बाद ले सकते हैं क्या

एक मध्यम परिवार का व्यक्ति अच्छी नौकरी पाने के बाद कार ले लेता है जबकि वह अपने कार्यालय जाने के लिए पब्लिक ट्रांसपोर्ट का इस्तेमाल

करके कुछ बरसों तक बचत करके बड़ी रकम जोड़ सकता था फिर उसके बाद कार ले सकता था।

अपनी दैनिक जरूरत की चीज लेना कोई गलत बात नहीं है आखिर हम पैसा अपनी जरूरत और शौक पूरे करने के लिए ही तो कमाते हैं। हम अपनी जरूरत को नहीं रोक सकते पर हम अपने शौक को थोड़े बहुत समय के लिए अवश्य रोक सकते हैं और उस पैसे को बचा और इन्वेस्ट करके बढ़ाने के बाद हम अपनी पसंदीदा कार ले सकते हैं। तब तक मार्केट में जो 10 लाख की कार है वह अवश्य ही 8 लाख के आस पास मिल जाएगी इसी प्रकार आपकी पसंदीदा कोई 20 लाख रुपए की कार है तो 17 से 18 लाख रुपए पर आ जाएगी क्योंकि हर बड़ी चीज के दाम कुछ साल के अंदर अवश्य घट जाते हैं।

ऐसा ही आपने स्मार्टफोन के बाजार में देखा होगा बड़े-बड़े ब्रांड बहुत महंगे महंगे फोन पेश करते हैं लेकिन वही महंगे फोन अगर आप एक दो साल बाद लेते हैं तो आपको कई हजार रुपए सस्ते मिल जाएंगे। इस प्रकार आप खरीदारी में थोड़ा सा बिलंब करके अपना पैसा बचा सकते हैं और इसमें कोई बुराई भी नहीं है आपको धैर्य रखना होगा हम अपनी वित्तीय आजादी को ध्यान में रखते हुए थोड़ा सा तो धैर्य रख ही सकते हैं और फिर वित्तीय आजादी की तरफ तेजी से बढ़ सकते हैं और आपका लक्ष्य है जल्द से जल्द वित्तीय रूप से आजाद होना तो फिर उपरोक्त कार्य को करना ही होगा।

क्योंकि वित्तीय आजादी को पाने के लिए हमें कम से कम खर्च करके अधिक से अधिक बचाना होगा तभी हम अपने इस लक्ष्य को प्राप्त कर सकेंगे। इसलिए हमें कम खरीदारी और सोच समझकर कम खर्च करने के नियम और मंत्र को अपनाना होगा।

विशेषज्ञों ने माना अधिक खरीदारी को गलत

महान भारतीय निवेशक और वित्तीय विषेशज्ञ संजय कथूरिया जी कहते हैं कि जब मैं मर्सिडीज कार ले सकता था तब मैं होंडासिटी से चलता था उनके अनुसार जब हम किसी चीज को कई बार ले सकते हैं तब हमें उसे एक बार लेना चाहिये।

अनेक बार हम माल मार्केट बस यूं ही घूमने जाते हैं और लौटकर आते-आते खरीदारी करके थैला भर लाते हैं, जब कि उस सामान की कोई अति आवश्यकता नहीं थी बस दिल कर गया और ले आये। या यार दोस्त खरीद रहे थे वो क्या सोचेंगे इसलिये हमने भी खरीद लिया

ये सेल वाला खेल तो मुझे हमेशा अपना माल निकालने और लोगों की जेब से पैसा निकालने का स्मार्ट तरीका लगता है।

ऐसे अनेक इंटरव्यू और ब्लॉग वीडियो आपको टीवी, इंटरनेट, सोशल मीडिया प्लेटफार्म पर मिल जाएंगे जिनमें अनेक लोग यह मानते हैं कि उन्होंने अपने जीवन में अधिक और अनावश्यक चीजों को खरीदकर अपना पैसा बर्बाद किया है अगर वह फैशन और स्टेटस के चक्कर में ना पड़ते तो आज करोड़ों की संपत्ति उनके पास होती।

दोस्तों इसमें कोई दो राय नहीं कि हम अपना बहुत सारा पैसा ऐसी चीजों को खर्च करने में लगा देते हैं जिनसे हमें अधिक लाभ प्राप्त नहीं होता है। पर हम दिखावे के लिए खरीदते हैं खरीदें मगर पहले अपनी वित्तीय स्थिति को मजबूत और अपने मन माफिक बनाने के बाद तब जीवन का आनंद कुछ और ही होगा।

यहां सभी बातों का निष्कर्ष यही निकल कर आता है कि हमें उस कहावत को मानना ही होगा जो सदियों से भारत देश में चली आई है

कि- आमंदनी अठन्नी और खर्चा रुपइया तो कैसे गुजारा हो भईया, इसलिए हमें अपनी आमदनी से अधिक से अधिक बचत के साथ इन्वेस्ट और कम से कम खर्च करना होगा तभी हम वित्तीय रूप से आजाद हो पाएंगे।

एक बार फिर मैं आपके सुखी और सम्रध्द जीवन की कामना करता हूं और आशा करता हूं कि आप इन बातों को समझकर अपने जीवन में उतारेंगे और अपना जीवन सवारेंगे धन्यवाद।

असफलता से डरकर प्यारे होना नहीं उदास
काम निरंतर करते रहना आये सफलता पास

ऐसी अनेक प्रेरक रचनायें हमारे यूट्यूब इंस्टा और फेसबुक चैनल पर सुन और पढ़ सकते है चैनल लिंक पुस्तक के अंतिम पेज पर हैं।

अध्याय 15

वित्तीय आजादी की शुरुआत

जब आप अपने लक्ष्य को ध्यान में रखकर कार्य करते हैं और अपनी सभी योजनाओं जैसे- शिक्षा प्राप्ति, व्यवसाय, नौकरी के साथ निवेश करते हुए जब आप अपनी वित्तीय स्वतंत्रता की तरफ पहला कदम उठाते हैं तब आपको बहुत अधिक सावधानी और संयम बरतना होगा नहीं तो आप ऐसी किसी लोक लुभावन इन्वेस्टमेंट प्लान या स्कीम में फंसकर अपना पैसा बर्बाद भी कर सकते हैं।

ऐसे स्कैम से बचें

दुनियाँ में ऐसे अनेक स्कैम हुये हैं जहां लोगों ने बिना सोचे समझे अपने जीवन की बहुत बड़ी पूंजी को कंपनीय़ों के हाथों में सौंप दिया। कंपनियों ने ऐसी बड़ी-बड़ी लोकलुभावन और अधिक रिटर्न देने वाली योजनाएं लोगों के सामने पेश की कि लोग उनकी बातों में आ गए और अपनी जमा पूंजी कंपनी में जमा कर दी जब लोगों का पैसा देने की बारी आई तो कंपनी दिवालिया हो गईं या रातों रात गायब हो गईं और इस तरह लोगों की गाढ़ी कमाई एक झटके में खत्म हो गई।

☀ दुनियाँ भर में निवेशकों का पैसा मारा गया है

दुनियाँ भर में ऐसी अनेक घटनाएं हैं जिसमें निवेशकों ने अधिक आय और ब्याज के लालच में पैसा निवेश किया परंतु कंपनियां भाग गई, बैंकें बंद हो गईं, और निवेशकों की मेहनत की गाढ़ी कमाई का पैसा मारा गया मुझे तो ऐसा लगता है कि ऐसी कुछ गलत कंपनियाँ और संस्थाएं यह सोचकर ही आती हैं कि लोगों को किस तरह अपने जाल में फंसा कर लूटा जाए।

इसलिए हम निवेशकों के लिए पीछे बताए गए तरीकों के साथ काम करना चाहिए और औसत ब्याज दर वाली सरकार के नियम और कानून के साथ चलने वाली बैंक, वित्तीय संस्थाओं, म्युचुअल फंड, या अन्य किसी भी निवेश के माध्यम या योजना को प्रस्तुत करने वाली सरकारी और गैर सरकारी ऐसी भरोसेमंद संस्था में ही निवेश किया जाए जो सालों साल से मार्केट में हो और लोगों का जिस पर भरोसा हो साथ ही वह लगातार निवेशकों को अच्छा रिटर्न बनाकर दे रही हो।

इस तरह अच्छी कंपनी या संस्था में निवेश करने पर आप अपने पैसे को अधिक सुरक्षित कर पाएंगे। यहां यह बात हमेशा याद रखें कि - " निवेश के हर क्षेत्र में अपने पैसे को डायवर्सिफाई करना कभी ना भूलें "

सामान्य भाषा में कहूं तो अपना सारा पैसा किसी एक बैंक, कंम्पनी, संस्था, फंड, स्कीम आदि में जमा या निवेश न करें।

☀ वित्तीय स्वतंत्रता के लिए कितना बचायें

अपनी वित्तीय स्वतंत्रता की शुरुआत करते समय यह सवाल आता है कि कितना बचायें और कितना फंड हमारे लिए पर्याप्त होगा तो आप अपनी आमदनी का कम से कम 30 से 40% अवश्य बचाएं कुछ विशेषज्ञ 20% बचत की सलाह भी देते हैं पर यह सब आपकी अपनी आय, बचत पर निर्भर है। लेकिन अधिक बचत के चक्कर में अपनी जरूरतों और इच्छाऔं को भी ना मारें। आप जितना अधिक बचाकर निवेश करेंगे उतनी ही जल्दी आप अपनी वित्तीय स्वतंत्रता की मंजिल को प्राप्त करेंगे

वित्तीय स्वतंत्रता के लिए कितना फंड होना चाहिये

आपके निवेश, फंड या आपके ऐसेट्स से उतनी आए होनी चाहिए जितनी आपकी हर वर्ष में नौकरी या व्यवसाय से आमदनी होती है जैसे कि उदाहरण के लिए - आपकी नौकरी से आपको इस समय ₹ 50 हजार महीना प्राप्त होते हैं परंतु आपके रिटायरमेंट तक बढ़ते हुए एक लाख रुपए महीना आय होगी तो फिर आपको इसी के अनुसार अपने निवेश बिजनेस या अन्य असेट्स से उतनी आमदनी की अपेक्षा रखते हुए लक्ष्य निर्धारित करना चाहिए।

एक और उदाहरण से समझें कि एक व्यक्ति अपनी वित्तीय आजादी की शुरुआत के लिए ₹10000 महीना निवेश करता है और वह ऐसा 21 साल तक करता है और अगर उसे अपने निवेश पर 12% का रिटर्न प्राप्त होता है तो उसे 11195 223 रुपए प्राप्त होंगे जिससे वह हर माह

110851 रुपए की आमदनी प्राप्त कर सकता है जाहिर है हर व्यक्ति की आमदनी, और बचत के साथ-साथ निवेश राशि और प्रकिया का चयन अलग-अलग होगा।

इसलिए अपनी जरूरत और सुविधा के साथ पीछे दिए गए तरीके और जानकारी के आधार को अमल में लाते हुए कार्य योजना बनाते हैं तो निश्चित तौर पर आप वित्तीय आजादी को प्राप्त करेंगे
आगे हम इस पर और भी बात करेंगे कि कैसे आप कम साधन और सहारे के बावजूद तेजी से अपनी वित्तीय स्वतंत्रता को प्राप्त कर सकते हैं।

☀ पार्ट टाइम काम से आय बढायें

जब हम अपने लक्ष्यों को प्राप्त करने के लिये काम करते हैं तो कई बार हमें हमारी नौकरी या अन्य काम से मन माफिक आय प्राप्त नहीं होती ऐसे में हमें कोई ऐसा काम खोजना चाहिये जिसे रोज कुछ घंटे करके अतिरिक्त आय प्राप्त की जा सके।

ऐसे बहुत सारे काम हैं इन्टरनेट की मदद से जानकारी हासिल करें और जांच परख कर सही कार्य शुरू करें, और करते रहें, तो निश्चित ही आप अपने लक्ष्यों को तेजी से प्राप्त करेंगे ऐसा मेरा विश्वास है।

☀ तेजी से बढें वित्तीय स्वतंत्रता की ओर

अब जब हम यह समझ गए हैं कि हम वित्तीय रूप से आजाद होना चाहते हैं तो क्यों ना हम तेजी से उस ओर कदम बढ़ायें और जल्द से जल्द अपनी वित्तीय स्वतंत्रता को प्राप्त करें

इसके लिए हमें अपनी वर्तमान नौकरी या बिजनेस से प्राप्त होने वाली आय को बढ़ाना होगा

हमें अपनी नौकरी से प्राप्त आय को अधिक से अधिक बचाकर निवेश करना होगा

और हम अगर बिजनेस करते हैं तो हमें अपने बिजनेस को ऑटो पायलट मोड पर पहुंचाना होगा।

इसके बाद जब हमारे इन सभी एसेट्स से इतनी आमदनी होने लगे जिससे हमारे मासिक खर्च चल सकें और उसमें से भी कुछ पैसा अलग बच जाता है तो हमें मान लेना चाहिए कि हम वित्तीय रूप से आजाद हो चुके हैं। एक बार फिर से मैं आपके सुखी और समृध्द जीवन की कामना करता हूं और आशा करता हूं कि आप इन बातों को समझकर अपने जीवन में उतारेंगे और अपना जीवन सवारेंगे धन्यवाद।

सीखो उनसे जो लगीं ठोकर तुमको यार
यही परीक्षा है जीवन की मान न लेना हार

ऐसी अनेक प्रेरक रचनायें हमारे यूट्यूब इंस्टा और फेसबुक चैनल पर सुन और पढ़ सकते है चैनल लिंक पुस्तक के अंतिम पेज पर हैं।

अध्याय 16

☀ दान धर्म यात्राएं ☀

अब जब हम वित्तीय रूप से आजाद हो गए हैं तो फिर ऐसा ना हो कि हम किसी गलत आदत या शौक को पाल लें और अपना और अपने बिजनेस या एसेट्स को बर्बाद कर दें।

☀ दान पुण्य करें

हमें अपने जीवन को सादगी से बनाये रखते हुए सामाजिक कार्यों में अपना मन और समय लगाना है अपने क्षेत्र, प्रदेश या देश के हित में हमको अच्छा कार्य करना है ऐसी भावना के साथ कुछ शुरुआत करें।

जरूरतमंदों की जितनी हो सके उतनी मदद करें जिससे हमारी आध्यात्मिक उन्नति के साथ-साथ हमारे क्षेत्र और देश की उन्नति हो सके।

☀ तीर्थ यात्रा और पर्यटन

जब हम वित्तीय आजादी के लिए संघर्षरत थे तब हम बहुत सारी जगह पर जाना चाहते थे वहां की भौगोलिक तथा प्राक्रतिक सुंदरता और

धार्मिक महत्व को देखना और महसूस करना चाहते थे मगर ऐसा नहीं कर पाए थे। कोई बात नहीं अब वह समय आ गया है कि आप अपनी मनचाही जगह के दर्शन किए जाएं क्योंकि अब हमारे पास समय भी है और पैसा भी है तो फिर अपनी पसंदीदा जगह की लिस्ट बनाएं वहां की योजना आने-जाने रुकने आदि की सब जानकारी रखें और किसी एक साथी को साथ लेकर निकल पड़ें।

यहां मैं साफ कर दूं कि कभी भी संपूर्ण परिवार को लेकर एक ही गाड़ी में न जाए अक्सर देखा गया है कि किसी दुर्घटना में संपूर्ण परिवार खत्म हो गया इसीलिए सावधानी बरतें। पर अपनी यात्रा पर अकेले भी कभी न जाए कोई साथ होता है तो सफर का आनंद कुछ और ही होता है साथ ही एक दूसरे की सहायता के लिए भी आसानी होती है।

घर से निकलने के बाद समय-समय पर अपनी लोकेशन परिवार को बताते रहें, कहां रुक रहें हैं वह जगह भी बताएं इससे संबंधियों को भी चिंता नहीं रहेगी और सुरक्षा की दृष्टि से भी यह सही रहेगा।

घूमते वक्त सोशल मीडिया से दूरी बनाकर रखें

घूमने चाहे किसी भी उम्र में जाएं मैं यहां इस बात को अवश्य कहूंगा कि जब आप अपनी पसंदीदा जगह पर हैं तब आप सोशल मीडिया पर अपनी फोटो और वीडियो शेयर ना करें इससे होता यह है कि कुछ अपराधी लोग आपके बारे में यह पता लगा लेते हैं कि आप घर से बाहर हैं ऐसे में वह आपके घर पर आकर आपको आर्थिक नुकसान पहुंचा सकते हैं ऐसा अनेकों बार देखा गया है कि लोगों ने दिखावे के चक्कर में सोशल मीडिया पर अपनी फोटो वीडियो शेयर की और बदमाशों को यह

पता लग गया और उन्होंने जाकर उनके घर लूटपाट कर ली हां आपको सोशल मीडिया पर लोगों को अपडेट रखना है तो फिर वहां से लौटने के बाद यह सब कर सकते हैं कोई दिक्कत नहीं।

रोमांच के नाम पर अति ना करें

मैं आजकल देख रहा हूं कि लोग रोमांच पाने और दिखावे की होड़ में बहुत से ऐसे जोखिम भरे खेल और गतिविधियों में हिस्सा ले रहे हैं जो उनके लिए शारीरिक रूप से हानिकारक होते हैं आप सब करें लेकिन अपने शरीर और जोखिम को ध्यान में रखते हुए। मैं तो कहूंगा कि अपनी सेहत और शरीर को सुरक्षित रखते हुए ही किसी गेम या गतिविधि का आनंद लें जोखिम न लें क्योंकि जान है तो जहान है।

अभी हाल ही में वर्ष 2023 की एक घटना याद आती है जिसमें बरसों पहले विश्व प्रसिध्द टाइटेनिक जहाज जो अपने पहले अभियान पर समुद्र में डूब गया था उसका मलवा समुद्र में हजारों फीट नीचे देखने के लिए कुछ अरबपति लोग करोड़ों रुपए खर्च करके पनडुब्बी में बैठकर उसे देखने गये मगर पनडुब्बी समुद्र में ही खराब हो गई जिसमें सभी पर्यटक मारे गए ऐसे खतरनाक शौक का क्या फायदा जो जान जोखिम में डालता हो।

गहरे पानी से दूर रहें

ऐसे ही अनेक युवा किसी बड़ी नदी या समुद्र तट पर पिकनिक पार्टी मनाने के उद्देश्य से जाते हैं और जोश में उस गहरे पानी में छलांग लगा देते हैं बाद में पता चलता है कि इतने व्यक्तियों की गहरे पानी में डूब कर मृत्यु हो गई जबकि उन्हें अगर तैरना नहीं आता था तो उनको गहरे पानी में नहीं उतरना था। मैं तो कहता हूं कि आप कितने भी अच्छे तैराक हों फिर भी आप गहरे पानी में न उतरें क्योंकि गहराई में जहां पर भंवर (पानी का गोल गोल घूमना) पडते हैं वहां बड़े-बड़े तैराक भी उससे निकल नहीं पाते और डूब जाते हैं। इसलिए हमेशा पानी में उतरने से पहले देख लें कि गहराई कितनी है और अधिक गहरे पानी में कभी न जाएं। और अगर फिर भी मन न माने तो लाइफ जैकेट पहनना और सुरक्षागार्ड की मदद लेना कभी ना भूलें। वैसे खुशी तो आपको कम गहरे पानी में भी मिल सकती है बस वहीं से खुशी प्राप्त करें और वापस हो जाएं इसी में आपकी और आपके परिवार की भलाई है।

मैं यहां पर डर दिखा कर आपके आनंद को कम नहीं करना चाहता बस आपको सावधान करना चाहता हूं क्योंकि जीवन अनमोल है निवेश वाली रणनीति यहां न आजमाएं कि ज्यादा जोखिम ओर ज्यादा रिटर्न यानी ज्यादा जोखिम और ज्यादा आनंद नहीं कम जोखिम और कम आनंद ही सही है। आपकी हर यात्रा मंगलमय और आनंददायक बनी रहे ऐसी शुभ कामना करता हूं धन्यवाद।

जीवन का संघर्ष तुम्हें मजबूत बनाता है
संघर्षों से लड़ने वाला सब कुछ पाता है

ऐसी अनेक प्रेरक रचनायें हमारे यूट्यूब इंस्टा और फेसबुक चैनल पर सुन और पढ़ सकते है चैनल लिंक पुस्तक के अंतिम पेज पर हैं।

अध्याय 17

जीते जी करें संपत्ति विभाजन

अब जब आपने जीवन भर मेहनत की उस मेहनत के दम पर आपने अनेक असेट्स का निर्माण किया और उनसे आपको पैसा आ रहा है और आप वित्तीय रूप से आजाद हैं तो अब आप अपनी पैतृक आदि संपत्ति को अपने बच्चों में अपने जीते जी अवश्य बांट दें।

संपत्ति विभाजन करें अपने सामने

अक्सर ऐसा देखा गया है कि माता-पिता के ना रहने के बाद बच्चों में संपत्ति विवाद होते हैं इसीलिए मेरा यह मानना है कि अब के समय में संपत्ति का विभाजन माता-पिता को अपने जीते जी कर देना चाहिए इससे बहुत सारे दुष्परिणामों से बचा जा सकता है बच्चे माता-पिता की बात मानते हैं और वह आपके कहने पर थोड़ा कम या ज्यादा हिस्सा भी लेकर खुश हो सकते हैं मगर आपके ना रहने पर वह बराबरी पर ही अड़े रहेंगे इससे झगड़ा होने की संभावना बढ़ जाती है। आपने भी देखा होगा कि माता-पिता के न रहने के बाद संपत्ति के बंटवारे में अक्सर परिवार में तनातनी, मुकदमे व झगड़ा आदि परेशानियां पैदा हो जाती हैं आपके बच्चे इन सब में ना पड़ें इसलिए आपको इन सब समस्याओं का हल निकालते हुए अपने जीते जी कम से कम संपत्ति का सांकेतिक बंटवारा अवश्य कर ही देना चाहिए इसका मतलब यह है कि आप उन्हें बतादें कि तेरा ये है और तेरा ये पर कानूनी और कागजी रूपसे आप मालिक बने

रहें यहां ध्यान रखें अपने जीते जी अपनी आय का कंट्रोल अपने ही हाथ में रखें।

☀ पुराने कर्ज और फर्ज नहीं अदा करने की समस्या

अक्सर देखा जाता है कि माता-पिता द्वारा लिया गया कर्ज या उनके नाम पर बिजली, पानी बिल आदि को बच्चे अदा नहीं करते और सोचते हैं कि वह भाई करेगा और दूसरा सोचता है कि तीसरा भाई करेगा इसका नतीजा यह होता है कि कनेक्शन भी नहीं कटाते और बिल भी नहीं भरते या बैंक लोन है उसे नहीं भरते। वही पैसा लंबे समय में आगे चलकर उन संस्थाओं द्वारा सब पैसा लेनदार की संपत्ति से वसूल किया जाता है तब तक इतनी देर हो चुकी होती है कि कुछ हजार से निपटने वाला मामला कई लाख या करोड़ों में पहुंच जाता है इस तरह माता-पिता द्वारा बड़ी मेहनत से अपने बच्चों के लिए बनाई गई संपत्ति का एक बहुत बड़ा हिस्सा छोटी सी चूक की वजह से नुकसान की बलि चढ़ जाता है और वह लापरवाह बच्चे एक दूसरे को जिम्मेदार ठहराते हुए बाद में पछताते हैं।

इसलिए आप किसी भी कर्ज या बिल को जो आपके नाम पर है उसको अवश्य खत्म करें जिससे आने वाली पीढ़ी को ना लापरवाही करने का मौका मिले और ना ही उससे होने वाली समस्याओं का सामना करना पड़े यही आप और आपके परिवार के लिए हितकर होगा।

-☀- अपनी संम्पत्ति को इनसे बचायें

अक्सर देखा गया है कि बिजली, पानी, आदि के विल एवं बैंक द्वारा लिये गये लोन को बैंक और सरकारी संस्थाएं कई सालों तक लेना नहीं चाहतीं ना वह इस बारे में बात करती हैं। और कुछ लेने वाले तो ऐसे बैठ जाते हैं जैसे उनको देना ही नहीं है जबकि यह संस्थाएं उस समय तक का इंतजार करती हैं कि जब पैसा कई लाख या करोड़ों में हो जाए उसके बाद वह अचानक से आती हैं और फिर कुर्की गिरफ्तारी आदि की धमकियां देते हुए कर्ज अदा करने का दवाब बनाती हैं।

और ऐसा होता भी है लेनदार को वह बिल या बैंक द्वारा लिया गया लोन भारी और चक्रवर्ती ब्याज के साथ लौटाना पड़ता है।

अनेक स्थितियों में लेनदार के पास इतना पैसा नहीं होता और उन्हें अपना घर मकान, कंम्पनी बेचनी पड़ती है या वे संस्थाएं खुद ही कोर्ट के माध्यम से उसे कुर्क करवाकर उसकी नीलामी कर देती हैं और अपना पैसा ले लेती हैं। इसलिये इन सब समस्याओं से बचने का यही रास्ता है कि पहले तो कर्ज लिया ही न जाय और लेना भी पड़े तो उस कर्ज को समय रहते समाप्त किया जाय।

-☀- कर्ज और मर्ज को छोटा ना समझें

अधिकतर मामलों में ऐसी भयानक स्थिति छोटी सी लापरवाही और छोटे से कर्ज को न देने की वजह से पैदा होती है इसीलिए मैं कहता हूं की कर्ज और मर्ज को कभी छोटा न समझें इसे जितना जल्दी हो सके खत्म कर दें यही आप और आपके परिवार के लिए हितकर होगा।

लोग किसी छोटी बीमारी को इस वजह से नजर अंदाज कर देते हैं कि इससे क्या होगा लेकिन वही छोटी बीमारी आगे जाकर भयानक रूप ले लेती है और वो शारीरिक रूप से बहुत बड़ी छति पहुंचाती है लोग उसका इलाज कराते हैं पैसा भी खर्च होता है। इस प्रकार लोगों को आर्थिक रूप से भी कमजोर करती है और कई बार जान भी चली जाती है।

कहते हैं कि एक छोटा सा छेद एक बड़े जहाज को डुबा देता है इसीलिए समय रहते चाहे वह कर्ज हो चाहे वह कोई बीमारी हो उसे शुरुआत में ही खत्म कर देना सबसे हितकर होगा।

कर्ज की समस्या से जुड़ी दुनियां भर में अनेक घटनायें है जिसमें लोगों ने एक छोटी सी रकम को न चुकाने की बहुत बड़ी सजा भुगती है।

मुझे आशा है कि आप इस अध्याय में बताई गई बातों पर अमल करेंगे और अपने जीवन को सुखी और समृध्द बनाएंगे मैं एक बार फिर आपके सुखी और संपन्न जीवन की कामना करता हूं धन्यवाद।

मुश्किलें तेरी हैं तुझको ही इनसे पार पानी है

डटा रह करता जा मेहनत मुश्किलें हार जानीं हैं

तेरी मुश्किल मिटेंगी ये तो तय है एक दिन प्यारे

तेरी कोशिश के हाथों हार को भी मार खानी है

ऐसी अनेक प्रेरक रचनायें हमारे यूट्यूब, इंस्टा और फेसबुक चैनल पर सुन और पढ़ सकते है चैनल लिंक पुस्तक के अंतिम पेज पर हैं।

अध्याय 18

ऐसी वसीयत ना करें

आपके बच्चे आपके लिए बराबर होने चाहिए आप अपनी जेब से किसी को कम या ज्यादा पैसे भले ही दे दें मगर पैतृक संपत्ति में हमेशा सभी को बराबर - बराबर हिस्सा दें इससे आपके बच्चों का अपने माता-पिता के प्रति प्रेम सम्मान और भी बढ़ेगा और समाज में भी आप एक आदर्श माता-पिता कहलाएंगे ।

किसी कारण और परिस्थिति बस नाराजगी में माता-पिता किसी एक बच्चे को अधिक जमीन घर आदि वसीयत के रूप में चुपके से लिख जाते हैं और बाद में उनके इस दुनियाँ से जाने के बाद मामला खुलता है तो फिर भाई-भाई में बड़ी कटुता और दुश्मनी पैदा हो जाती है और जीवन भर घर में कलह और परेशानी चलती है यहां तक कि पीढ़ियों तक उस घर में झगड़ा मारपीट और दुश्मनी बनी रहती है।

इसीलिए अगर आप चाहते हैं कि आपके बच्चों में भाईचारा बना रहे आपके बच्चे खुश रहें इसके लिये हमेशा अपनी संपत्ति को बिना भेदभाव के अपने बच्चों में बराबर - बराबर अवश्य बांटें इसी में आप और आपके परिवार की भलाई है।

गलत वसीयत की सच्ची घटना

मेरे दोस्त के एक रिश्तेदार हैं जिनके माता-पिता के पास काफी अधिक और अच्छी कीमती जमीन थी वह चार भाई थे जिनमें से तीन भाइयों ने अपने पिता के स्वर्गवासी होने के बाद अपनी माता को बहला फुसला कर धोखे से अपने एक भाई की जमीन को अपने नाम वसीयत करा ली जब उनकी मां का स्वर्गवास हो गया तब जाकर यह मामला खुला उस एक भाई के पुत्र ने अपना हक पाने के लिए कोर्ट का दरवाजा खटखटाया केस दायर किया और पिछले 20 सालों से अब जब मैं लिख रहा हूं सन 2024 तक कोर्ट में केस चल रहा है इस बीच अनेकों बार झगड़ा लाखों रुपयों की बर्बादी हो चुकी है बस एक माता की गलती की वजह से वह अगर अपने चारों पुत्रों को बराबर बराबर हिस्सा दे देतीं तो यह नौबत ही नहीं आती इसीलिए माता-पिता को इस मामले में विशेष सावधानी रखते हुए अपने सभी बच्चों में अपनी संपत्ति को बराबर बराबर बांटना ही होगा ऐसा करके माता-पिता आने वाली संपत्ति बंटवारे की ऐसी खतरनाक घटनाओं से अपने बच्चों को अपने परिवार को बचा सकते हैं आशा है आप मेरे थोड़ा समझाने को ज्यादा समझेंगे और संपत्ति बंटवारे में ईमानदारी से कार्य करेंगे।

बिल बुक अवश्य बनाकर रखें

जब हम अपने जीवन में विभिन्न तरह की योजनाओं में निवेश करते हैं अलग-अलग बैंकों में पैसा रखते हैं कुछ घनिष्ठ लोगों को भी पैसा देते हैं ऐसे में जब हमारा पैसा अनेक जगह पर निवेशित होता है तो हमें इसका

पूरा लेखा-जोखा भी रखना होगा हमें अपने सभी निवेश संपत्ति बैंक खाता एवं व्यक्तियों से लेनदेन आदि का संपूर्ण व्योरा अपनी बिल बुक में अवश्य लिखना ही होगा।

वित्तीय विशेषज्ञ तो यहां तक भी कहते हैं कि किसी प्रोफेशनल व्यक्ति वकील या वित्तीय सलाहकार से बिल बुक बनवाएं या उनकी सहायता और हस्ताक्षर आदि के साथ बिल बनाएं। यह आपकी मर्जी और सुविधा एवं क्षमता के ऊपर है कि आप कैसे कार्य करते हैं।

मैं तो यहां एक साधारण बिल बुक की बात कर रहा हूं जिसमें आप अपने सारे निवेश, बैंक,पासवर्ड और अन्य व्यक्तियों से लेनदेन का हिसाब रखें जिससे आपके इस दुनियां से स्वर्ग सिधारने के बाद आपके बच्चों को आपके सभी निवेश आदि की जानकारी हो जाए और उन्हें पैसों को प्राप्त करने के लिए परेशानी का सामना न करना पड़े।

☀ कोई व्यक्ति गलत दावा नहीं कर सकता

अनेक मामलों में ऐसा देखा गया है कि परिवार के मुखिया के जाने के बाद कुछ लोगों ने झूठ प्रपंच गढ़ कर और गलत लोगों के साथ मिलकर उस परिवार पर दबाव बनाया कि आपके पिता या माता ने मुझसे इतना रुपया लिया था और अनेक मामलों में ऐसा देखा भी गया है कि लोग इस तरह की ठगी करने में कामयाब भी हो जाते हैं क्योंकि उस परिवार के पास कोई लेनदेन का हिसाब किताब नहीं था इस तरह लोग गलत व्यक्तियों के झांसे में आकर गुमराह और धोखेबाजी के शिकार हो जाते हैं वहीं अगर सभी लेन-देन और निवेश का हिसाब उनके पास होता तो वह इस तरह की ठगी से बच जाते। अगर कोई व्यक्ति आपके बच्चों को गुमराह या धोखेबाजी से पैसे लेने की कोशिश में झूठा दावा करता है तो

आपके बच्चे आपके द्वारा बनायी गयी उस बिल बुक की सहायता से बता सकते हैं कि हमारे माता-पिता ने जो भी लिया दिया हुआ है सब इसमें है और इसमें दावा कर्ता की कोई जानकारी नहीं है। तो इस प्रकार कानूनी रूप से भी आपके बच्चों की जीत होने की पूर्ण संभावना बनी रहेगी और आपके बच्चे अपने पैसे,और जायदाद को सुरक्षित कर पाएंगे और किसी के झांसे में नहीं आएंगे। अनेक मामलों में ऐसा भी देखा गया है कि लोगों ने किसी ऐप के माध्यम से म्युचुअल फंड किसी बैंक या अन्य किसी योजना में निवेश किया और उन सब की जानकारी जैसे जमाधन, बैंक का नाम एप का नाम एप पासवर्ड आदि ऑनलाइन जानकारी को उन्होंने कहीं भी लिखकर नहीं रखा था और वह अचानक इस दुनियाँ से चले गए परिवार को कुछ भी जानकारी नहीं थी इसीलिए वह पैसा ऐसे ही पड़ा रह गया। अगर उस व्यक्ति ने अपने सभी निवेशों की जानकारी जैसे- किस माध्यम से और कहां पैसे निवेश किए हैं, किस ऐप से किए हैं उसका क्या पासवर्ड है और वह पैसा किस बैंक में आएगा खाता आदि की सारी जानकारी अपने बही खाते यानी बिल बुक में लिखी होती तो उनके जाने के बाद उनके परिवार को यह जानकारी मिलती और वह अपने माता-पिता के द्वारा किए गए निवेश आदि के पैसों को ले सकते थे। इसीलिए ध्यान रखें आज इंटरनेट के युग में ऑनलाइन कंप्यूटर और मोबाइल के भरोसे ही ना रहें आप अपनी बिल बुक में इन सब जानकारी को लिखना बिल्कुल भी ना भूलें। तो दोस्तों मुझे पूर्ण आशा है की संपत्ति विभाजन बिल बुक आदि के इस विषय पर आपने बहुत कुछ समझा होगा अगर आप इस योजना के अनुसार कार्य करेंगे तो अपने बच्चों को एक सुखी और संपन्न जीवन की सौगात अवश्य दे पाएंगे। एक बार फिर से मैं आपके सुखी और समृध्द जीवन की कामना करता हूं धन्यवाद।

अध्याय 19

☀ नशा जुआ ऑनलाइन गेम से बचें ☀

एक समय था जब लोग जुआ, नशा जैसी सामाजिक कुरीतियों से बचते और अपने बच्चों को बचाते थे। तथा इन्हें समाज में भी हेय दृष्टि से देखा जाता था मगर बदलते दौर में यह बुराई एक तरह से फैशन के रूप में देखी जाने लगी है मगर मैं यहां साफ कहता हूं कि –

"जहर को चाहे कितनी भी स्वादिष्ट मिष्ठान के साथ मिलाकर खाया जाए वह अपना असर नहीं छोड़ता"

इसलिये इनसे बचके रहें, और अपनों को रखायें

☀ नशीली चीजों को ट्राई करने से भी बचें

आधुनिकता के नाम पर लोग चाहे कितने भी नए तरीके से नशा जुआ आदि व्यसनों को करें वह हमेशा दुष्परिणाम ही देंगे। इसलिए अपने स्वास्थ्य को सर्वोपरि रखते हुए और अपने धन की सुरक्षा को ध्यान में रखते हुए आप इससे जितना बच सकते हैं बचिए तभी आप एक सुखी और समृध्द जीवन का आनंद ले पाएंगे।

-☀- ऑनलाइन गेम मुखौटा लगा जुआ ही है

लोग जुये को किसी समय में छुपकर खेलते थे और वह भी मनोरंजन के तौर पर साथ ही बच्चों और युवाओं को तो खेलने ही नहीं देते थे मगर इंटरनेट की पहुंच और हर घर में स्मार्टफोन के माध्यम से अपनी बदली हुई सूरत में जुआ अपनी जड़ें जमा रहा है आनलाइन मनी गेम के द्वारा अनेक लुभावने तरीकों से युवाओं को भ्रमित कर उनकी मेहनत की गाढ़ी कमाई को लूट रहे हैं।

युवा तेजी से पैसा कमाने की चाहत में इनको ट्राई करता है और फिर धीरे-धीरे इनकी ऐसी लत लग जाती है कि जो सिर्फ बर्बादी की तरफ ले जाती है।

मैं यहां साफ कहता हूं किसी अभिनेता, अभिनेत्री, क्रिकेटर की बातों में ना आएँ और ऐसे ऑनलाइन गेमों से बचके रहें इसी में भलाई है।

-☀- अभिनेता खिलाड़ियों आदि के भ्रामक विज्ञापनों से बचें

आजकल बड़े-बड़े अभिनेता खिलाड़ी और बड़ी-बड़ी नामी हस्तियां ऑनलाइन फेंटेसी गेम को प्रमोट कर रही हैं जबकि वह भी जानते हैं कि वह इस तरह के गेम खेल कर उस मुकाम पर नहीं पहुंचे जहां वे अभी हैं परंतु चंद पैसों के लालच में ये सभी लुभावने विज्ञापन बनाकर लोगों को खास कर युवा पीढ़ी को बरगला रहे हैं। युवा इनकी चिकनी चुपड़ी बातों में आकर अपना पैसा समय और भविष्य बर्बाद कर रहे हैं।

ऑनलाइन गेम है इसलिए माता-पिता या अन्य किसी को इसकी भनक भी नहीं लगती जब तक कि कोई बड़ा नुकसान ना हो जाए इसलिए

ध्यान दें किसी की भी मीठी-मीठी बातों में ना आयें क्योंकि यह लोग अपने बच्चों और परिवार को तो इन चीजों से कोसों दूर रखते हैं और पैसों की खातिर औरों के बच्चों और देश के युवाओं को भ्रमित करके गेम और पैसे के नाम पर उनके भविष्य से खिलवाड़ कर रहे हैं ।

जरा सोचिए कि ये बड़े-बड़े खिलाड़ी और अभिनेता क्या यही सब खेल कर इस मुकाम तक पहुंचे हैं, नहीं इन्होंने जी तोड़ मेहनत की है, पसीना बहाया है, तब जाकर यह सब मुकाम पाया है। लेकिन आज यह कहते हैं कि यह मेरा पसंदीदा गेम है और इसे खेलिए, ऐसे लोगों की चिकनी चुपड़ी बातों में नहीं आना यह सब आपसे पैसे कमाने का एक तरीका है इन लोगों को भारी भरकम फीस मिलती है इसलिए यह अपने लालच वश देश और युवाओं का भला बुरा नहीं सोच रहे। भारत सरकार ने ऐसे गेमों पर प्रतिबंध लगा कर सराहनीय कार्य किया है अन्य देशों को भी भारत से सीखना चाहिये पर आनलाइन की इस दुनियां में कब ये गेम सूरत बदलकर आ जायें कह नहीं सकते। तो दोस्तो बचना है तो हम और आपको खुद से बचना होगा वरना ये सभी तो हमसे पैसा ऐंठने और हमें और हमारे बच्चों, युवाओं को बर्बाद करने के लिए घूम रहे हैं ध्यान रहे सही तरीके से सही दिशा में मेहनत करने से ही कामयाबी मिलती है इस तरह की सट्टेबाजी और फेंटेसी गेम से तो सिर्फ हताशा और निराशा के साथ-साथ अपने समय और पैसे की बर्बादी ही होगी इसीलिए इस तरह के गेम आदि से दूर रहें इसी में हमारी और हमारे परिवार की भलाई है

☀ ये भी नशे से कम नहीं इनसे भी बचें

हद से ज्यादा फोन टीवी का स्तेमाल आंख रोग को बुलावा
हद से ज्यादा खाना पेट रोग और मोटापे को बुलावा
हद से ज्यादा दिखावा कर्ज और गरीबी को बुलावा
हद से ज्यादा तेज वाहन चलाना दुर्घटना को बुलावा
हद से ज्यादा किसी की चाहत रिश्ते खात्मे को बुलावा
हद से ज्यादा यकीन धोखा खाने को बुलावा
हद से ज्यादा आत्मविश्वाशी होना ठोकर खाने को बुलावा
हद से ज्यादा आजादी जीवन की बर्वादी को बुलावा

दोस्तों बातें बहुत हैं पर संक्षेप में यही है कि जो कार्य हम जीवन में हद से ज्यादा कर रहे हैं और उस पर हमारा कोई नियंत्रण नहीं है और हम उसी धारा में बहते चले जा रहे हैं तो वो भी किसी नशे से कम नहीं है तो दोस्तो ये सब भी हमारे तन मन धन और जीवन के लिये हानिकार ही हैं और हम सबकी इनसे बचने में ही भलाई है। तो दोस्तो इस अध्याय को यहीं विराम देते हुये मैं एक बार फिर आपके सुखी और संम्रध्द जीवन की कामना करता हूं धन्यवाद

कोशिशों को कभी अपनी यहां पर कम नहीं करना
मिले कम और ज्यादा कुछ कभी तुम गम नहीं करना
ये तो संघर्ष जीवन का यहां ऐसे ही चलता है
आयें कितनी भी मुश्किल तुम आंख को नम नहीं करना

ऐसी अनेक प्रेरक रचनायें हमारे यूट्यूब इंस्टा और फेसबुक चैनल पर सुन और पढ़ सकते है चैनल लिंक पुस्तक के अंतिम पेज पर हैं।

अध्याय 20

साइबर ठगी से रहें सावधान

एक दिन मुझे एक फोन कॉल आया जिसमें कि एक महिला ने बड़ी ही मीठी और आदर भरी भाषा में बोलते हुए मुझे बताया कि श्रीमान जी आपके बैंक खाते में KYC पूर्ण नहीं होने की वजह से आपका खाता बंद किया जा रहा है साथ ही उसमें जमा रकम भी नहीं मिलेगी और उसने मुझे बताया कि अगर आप अभी अपने आवश्यक कागजातों की जानकारी हमें देते हैं तो आपका पैसा भी बचेगा और आपका खाता भी बंद नहीं होगा।

एक बार के लिए तो मैं अचंभित हो गया फिर मैंने अपने आपको संभालते हुए उसे पूछा कि महोदया आप किस बैंक और शाखा से बात कर रही हैं उसके बर्ताव में हिचकिचाहट दिखाई देने लगी तो मैं समझ गया कि यह तो ऑनलाइन साइबर ठगिनी है और मैंने उसे फटकारते हुए उसे डांटा तो उसने कॉल काट दिया अगर मैं उसकी चिकनी चुपड़ी बातों में फंस जाता तो मेरा भारी नुकसान होने में देर नहीं लगती

इसीलिए दोस्तों सावधान और सतर्क रहें जागरूक बनें और बनाएं और अपनी मेहनत का पैसा बचायें

इसके लिए कुछ निम्न बातों का ध्यान रखें

बैंक कर्मचारी कभी किसी को फोन कॉल नहीं करते

अगर करते भी है तो फोन पर कोई भी डॉक्यूमेंट और ओटीपी नहीं मांगते

कोई भी वित्तीय संस्थान आपसे ओटीपी नहीं मांगता

कोई भी फोन करके ओटीपी मांगता है तो कभी ना दें।

आपके बच्चे की आवाज में आपसे कोई बात करा कर पैसे मांगता है तो कभी विश्वास ना करें

आपको इनाम मिला है इसके लिए आपको फीस जमा करनी है तो समझ जाएं कि यह हमें फंसा कर हमसे पैसा लूटने का जाल है

कभी किसी अनजान व्यक्ति को अपना फोन ना दें

अपने पेमेंट्स और बैंकिंग ऐप को पासवर्ड से सुरक्षित रखें

अपने पेमेंट खाते में अधिक पैसा ना रखें

एप्स डाउनलोड करने में सावधानी बरतें

अगर आप उपरोक्त बातों को ध्यान में रखते हैं तो आप निश्चित ही अपने पैसों को सुरक्षित रखने में कामयाब हों पायेंगे।

☀ साइबर ठगों के इन तरीकों से बचें

आनलाइन की इस दुनियां में साइबर ठग लोगों से पैसा लूटने के नए-नए तरीके अपना रहे हैं इन्हीं में से कुछ तरीके हैं जिन्हें जानकर हम अपने तन, मन और धन को सुरक्षित कर सकते हैं तो आईए विस्तार से जानते हैं -

1 - साइबर बुलिंग

इसमें साइबर अपराधी मोबाइल फोन लैपटॉप कंप्यूटर या किसी अन्य इलेक्ट्रॉनिक उपकरण के माध्यम से मेल SMS आदि से किसी व्यक्ति को डरा धमका कर उसे प्रताड़ित और मानसिक रूप से लोगों को परेशान

करते हैं, अगर पैसा वगैरा नहीं मांगते तो हो सकता है कि उन्हें ऐसा करने की गलत आदत पड़ गई हो या किसी के कहने पर आपको परेशान करते हों या फिर कई मामलों में ऐसा भी देखा गया है कि पीड़ित व्यक्ति का करीबी ही उसे परेशान करने या कोई बदला लेने के लिए साइबर बुलिंग का तरीका अपना रहा होता है ऐसे में घबराएं नहीं निकट के साइबर थाने में तुरंत रिपोर्ट दर्ज करायें।

2 - साइबर स्टॉकिंग

इसके अंदर लोग साइबर अपराधी की नजर में रहते हैं खास कर महिलायें और बच्चों पर ऑनलाइन सोशल मीडिया प्लेटफॉर्म के माध्यम से नजर रखता है यानि पीछा करता है। ऐसा वह आपके ऑनलाइन रहने के समय और गतिविधि से जानकारी हासिल करके करता है आपको फॉलो करके आपसे मित्रता करके और आपसे घनिष्ठता बढ़ाकर या डरा धमका कर आपके बारे में जानकारी हासिल करके आपको नुकसान पहुंचा सकता है। तो अगर कोई आपसे ऑनलाइन अत्यधिक घनिष्ठता दिखाते हुये आपसे आपकी पर्सनल जानकारी मांग रहा है तो उसे कभी ना दें।

3 - ऑनलाइन अश्लीलता

आज कल यह अपराध भी बहुत अधिक बढ़ रहा है इसमें साइबर अपराधी युवकों को खासकर किशोरावस्था के लड़के लड़कियों को ऑनलाइन आपत्तिजनक वीडियो फोटो देखने, दिखाने को कहते हैं या उन्हें ऑनलाइन नग्न प्रदर्शन करने को कहते हैं और जब ये लोग उनकी बातों में आकर ऐसा वीडियो या फोटो शेयर कर देते हैं तो फिर अपराधी उसके दम पर लोगों को परेशान करके ब्लैकमेल करते हैं और उनसे पैसा

लेते हैं इसलिए कभी भी किसी को अपने निर्वस्त्र फोटो वीडियो आदि शेयर ना करें चाहे वह कितना भी विश्वासी प्रेमी ही क्यों ना हो क्योंकि लोगों की नियत बदलते देर नहीं लगती

4 - ऑनलाइन जॉब फ्रॉड

आजकल के दौर में जहां लोग बेरोजगारी से परेशान हैं तो कुछ बेहतर जॉब की कामना रखते हैं ऐसे लोगों को बहुत ही आराम का आसान काम और बड़ा भारी वेतन का झांसा देकर अपराधी पैसा एंठते हैं। अगर आपको कोई ऑनलाइन बड़ी नौकरी और सैलरी देने का ऑफर देता है और उसके बदले में इंटरव्यू के नाम पर पैसे जमा करने को कहता है तो कभी भी किसी को पेमेंट ना करें क्योंकि अगर आप ऐसा करते हैं तो आपके पैसे भी गए और जाँब तो थी ही नहीं मिलेगी कहां से इसीलिए ऑनलाइन जॉब तलाशते समय बहुत ही सावधानी बरतें और पैसा तो कभी किसी को दें ही ना इसी में आपकी भलाई है।

5 – साइबर फिशिंग

फिशिंग एक ऐसा तरीका है जिसमें साइबर अपराधी आपको नकली वेवलिंक, ईमेल या बैंकिंग मैसेज भेजते हैं जो कि असली जैसे लगते हैं इसे आप ऐसे समझें कि मार्केट में कुछ अच्छे ब्रांड का उत्पाद है ठीक वैसे ही मिलती-जुलती पैकिंग और नाम का कोई नकली उत्पाद भी बेचा जा रहा होता है।

साइबर अपराधी इस माध्यम से आपकी आईडी पासवर्ड, सीवीवी नंबर, पिन नंबर, क्रेडिट या डेबिट कार्ड नंबर, आदि की जानकारी धोखे से लेते हैं और उसका गलत इस्तेमाल करके भारी आर्थिक नुकसान करते हैं।

इसलिए ऐसे मेल, एसएमएस या बेवसाइड को बहुत ही जांच परख और देखकर विश्वास होने पर ही इस्तेमाल करें क्योंकि आजकल बड़ी-बड़ी नामी ब्रांडों की जैसी दिखने वाली मिलती-जुलती वेबसाइट बनाकर लोग ऐसे फ्रॉड को अंजाम दे रहे हैं।

6 - साइबर विशिंग

इसमें साइबर अपराधी बड़े ही शातिराना ढंग से आपको फोन कॉल करते हैं और बैंक का अधिकारी बीमा एजेंट या फिर किसी कंपनी के बड़े अधिकारी बनकर आपके क्रेडिट, डेबिट कार्ड पैन, आधार कार्ड की जानकारी मांगते हैं और आपने अगर उन्हें जानकारी दी तो फिर आपका आर्थिक नुकसान होने में देर नहीं है इसीलिए फोन पर किसी को भी कोई जानकारी ना दें क्योंकि कोई भी बैंक अधिकारी बीमा एजेंट या किसी भी संस्था का कोई भी व्यक्ति आपसे फोन पर इस तरह की डॉक्यूमेंट नहीं मांगता है और कोई मांगता भी है तो कभी ना दें।

7 - सिम स्वैप

आमतौर पर अपराधी आपके फोन पर ओटीपी भेज कर उसे मांगते थे और फिर ओटीपी मिल जाने पर आपके बैंक खाते से पैसे उड़ा लेते थे लेकिन जागरूकता होने की वजह से अब लोग ओटीपी नहीं बताते हैं ऐसे में अपराधियों ने एक नया तरीका निकाला है कि आपके ही नाम पर आपकी ही दूसरी नकली सिम निकलवा लेते हैं और फिर उस पर ओटीपी मंगा कर आपके खाते को खाली कर देते हैं अगर आपका नंबर किसी कारणवश अचानक बंद हो रहा है तो तुरंत सेवा प्रदाता से संपर्क करें या विशेषज्ञ से मदद लें हो सकता है साइबर अपराधी ऐसा कर रहे हों

8 - डिजिटल अरेस्ट

जैसे-जैसे साइबर अपराधियों के पुराने तरीके जनता में पता चलते जा रहे हैं वैसे-वैसे साइबर अपराधी नए-नए तरीके अपना कर लोगों को ऑनलाइन लूटने के तरीके निकाल लाते हैं उन्हीं में से एक तरीका है डिजिटल अरेस्ट इसी कड़ी में आजकल डिजिटल अरेस्ट के मामले बहुत अधिक बढ़ गए हैं अपराधी पुलिस, जज, सीबीआई या ईडी या किसी बडी संस्था के बड़े अफसर बनकर लोगों से बात करते हैं उन्हें डराते धमकाते हैं जैसे कि आपके नाम किसी ड्रग्स का पार्सल है या आपके नाम पर हथियारों की डिलीवरी है या फिर वह बताते हैं कि आपके खाते में इतने लाख रुपया कहां से आया है किसने जमा किया है, इस तरह से बातें करके लोगों को डराते हैं और फैसले के नाम पर लोगों से लाखों रुपया ऑनलाइन ट्रांसफर करा लेते हैं। कभी कहते हैं कि आपके बच्चे ने कोई गैर कानूनी काम किया है और वह हमारी गिरफ्त में है उसे छुड़वाकर मामला यहीं का यहीं खत्म करना चाहते हैं तो हमें इतना पैसा भेज दें, और भोले भाले लोग अचानक से आई इस मुसीबत से बचने के लिए साइबर अपराधियों को ऑनलाइन पैसा ट्रांसफर कर देते हैं अगर आपके सामने कभी ऐसी स्थिति बने तो साफ कहें कि आप हमसे हमारे दफ्तर, पुलिस थाने या न्यायालय में आकर मिलें, अपराधी समझ जाएगा और आपका नुकसान होने से बच जाएगा।

9 – कॉल मर्ज फ्राड

आजकल साइबर अपराधी कोई अफसर बनकर अपने बडे अधिकारी से बात करने या आपके किसी जान पहचान या रिश्तेदारों से किसी बडे बिषय पर तुरंत बात करने के लिये आपको काल मर्ज करने को कहते हैं

और आपके ऐसा करते ही वह आपके बैंक खाते से पैसा निकाल लेते हैं या आपके गोपनीय दस्तावेजों की जानकारी लेकर आपको नुकसान पहुंचा सकते हैं इसलिये अनजान लोगों के साथ काल मर्ज से बचें इसी में आपकी भलाई है।

☀ साइबर हमलों से जागरूक रहना होगा

जब मैं यह किताब लिख रहा हूं तब इस तरह की घटनाएं हो रही हैं टेक्नोलॉजी तेजी से बदल रही है और बदलती इस दुनियां में साइबर अपराधियों के अपराध करने के नित नए तरीके भी बदल रहे हैं इसलिए जागरूक रहें जानकारी प्राप्त करते रहें क्योंकि साइबर अपराधी नए-नए तरीके अपना कर लोगों को लूट रहे हैं। दुनियां भर की सरकारें अपने नागरिकों की सुरक्षा के लिये जो कार्य कर रहीं हैं वो पर्याप्त होते नहीं दिख रहे, सरकारें इन अपराधियों पर नकेल कसने के लिये एक कदम उठातीं हैं तो साइबर अपराधी दो कदम आगे बढकर नये तरीके निकाल लाते हैं यानि कि **तू डाल डाल में पात पात** वाली कहावत यहां सटीक बैठती है। कुछ भी कहो पर यह मानना पडेगा कि कमजोर कानून की वजह से आमजन को अपनी मेहनत की कमाई को गवांना पड रहा है। सरकारों को चाहिए कि जल्द से जल्द कठोर कानून बनाकर ऐसे साइबर अपराधियों पर नकेल कसी जाए जिससे आम जनता को राहत की सांस मिल सके। तो दोस्तों इस अध्याय को यहीं विराम देता हूं और एक बार फिर मैं आपके सुखी और समृध्द जीवन की कामना करता हूं धन्यवाद।

अध्याय 21

मोबाइल और सोशल मीडिया

आज के दौर में मोबाइल हमारे जीवन का अभिन्न हिस्सा है इसके बिना हम जीवन जीने की कल्पना भी नहीं कर सकते सुबह जागने से लेकर देर रात तक सोने जाने तक मोबाइल हमारे साथ रहता है और हमारे अनेक आवश्यक कार्यों को चुटकियों में निपटाता है जैसे- सुबह हमें जगाता है, देश दुनिया की खबरें बताता है, आवश्यक दस्तावेजों को प्राप्त करता है,और लोगों तक पहुंचाता है, अपनों के हाल चाल से लेकर उनकी मदद करने में भी अहम भूमिका निभाता है, और दिन भर से लेकर देर रात तक जब हम थक हार जाते है तो मनोरंजन करके हमें हंसाता और गुदगुदाता है।

ऐसे सैकड़ों काम है जो स्मार्टफोन के आने से पहले दिन हफ्ते और कई बार तो महीनों में होते थे जैसे- पैसा भेजना, बिल भरना, या शेयर बाजार में निवेश,आदि आज स्मार्टफोन ही है जिसने इन कामों को चुटकियों में कर दिखाया है।

स्मार्टफोन के सैकड़ों फायदे हैं जिन्हें गिना जाए तो बात बहुत लंबी हो जाएगी फायदों को एक तरफ रखते हुए इससे होने वाले दुष्परिणाम और सावधानी पर बात करना चाहता हूँ जिन्हें जॉन समझकर हम अपने जीवन को और सुखी बना सकते हैं तो आइए इस पर विस्तार से चर्चा करते हुए हम निम्नलिखित कुछ बिंदुओं पर बात करेंगे जैसे -

1 - मोबाइल स्तेमाल का समय और जगह तय करें

2 - बच्चों को मोबाइल की लत से बचाएं

3 - सोशल मीडिया पर सावधानी बरतें और समझदारी दिखायें

4 - वायरल होने की टेंशन न लें

5 - मोबाइल और सोशल मीडिया से सकारात्मकता लें

मोबाइल इस्तेमाल का समय और जगह तय करें

जी हाँ हमें अपने मोबाइल को इस्तेमाल करने के लिए समय तय करना ही होगा बहुत बड़ी संख्या ऐसे लोगों की है जो मोबाइल को हद से ज्यादा टाइम देते हैं ज़रा सी नोटिफिकेशन बेल बजी नहीं कि झट से स्क्रीन को देखने लग जाते हैं देखने में कोई बुराई नहीं लेकिन कुछ पल के लिए देखने गए थे पर कब घंटों बीत गए पता ही नहीं चला और जो काम कर रहे थे वो अधूरा रह गया। ऐसे में हमें खाना खाते, बनाते, पढ़ाई करते समय फ़ोन को बिल्कुल भी हाथ नहीं लगाना चाहिए विशेषज्ञों का तो यहाँ तक कहना है कि हमें अपने घर में एक नो मोबाइल जोन बनाना चाहिए यह वह जगह हो जहाँ परिवार के सभी लोग इकट्ठे होते हों वहाँ मोबाइल न चलाकर आपस में बातचीत करनी चाहिए अनेक समझदार लोग ऐसा कर रहे हैं और वो बताते हैं कि ये तरीका बहुत अच्छा है आप भी अपना सकते हैं।

कोई प्रिय मित्र रिश्तेदार माता पिता गुरुजन या कोई भी व्यक्ति आपसे मिलने आते हैं तो आपको तुरंत अपना फ़ोन साइड में रख देना चाहिये और उनका अभिवादन करते हुए उनसे बातचीत करनी चाहिए इससे वो अपने आपको सम्मानित महसूस करेंगे साथ ही आपको प्यार देते हुए

बहुत समझदार और सभ्य समझेंगे यह बातें बहुत छोटी है परंतु आज के दौर में इनका भी बहुत महत्त्व है आप इनका पालन करेंगे तो आप औरों को भी खुशी और अपने को सुखी बनाएंगे ऐसा मेरा विश्वास है। आजकल हर रोज़ ऐसी घटनाएं आम हो गई है कि रसोई में दूध उफन गया सब्जी जल गई वजह फ़ोन देखना थी, गाड़ी ड्राइव कर रहे थे और साथ में फ़ोन पर रील देख रहे थे या बात कर रहे थे ध्यान भटने की वजह से दुर्घटना हो गई ऐसी खबरें आये दिन आती रहती है आपको इन सबसे बचने के लिये मोबाइल का स्तेमाल समझदारी के साथ करना होगा तभी हम अपनी जान और माल को बचा पाएंगे।

बच्चों को मोबाइल की लत से बचाएं

एक दिन में अपने दोस्त के घर किसी काम से गया था वहाँ मैंने देखा कि उनका बच्चा दहाड़ें मार मारकर रो रहा था मुझे देखते ही मेरे मित्र ने उसे फ़ोन दे दिया और वो बच्चा अचानक से चुप हो गया और फ़ोन लेकर दूसरे कमरे में भाग गया मैंने पूछा ये क्या मामला है तो वो बोले कि ये बिना फ़ोन के न खाना खाता है ना होमवर्क करता है ओर न बाहर खेलने जाता है मैंने उसे बताया कि अभी से इतना फ़ोन देखेगा तो आंखें कमजोर होंगी चिड़चिड़ापन होगा मेमोरी लॉस होगा तो उसने बताया कि इसकी आंखो में दर्द होता है पर हम क्या करे मानता ही नहीं तो मैंने उसे किसी विशेषज्ञ की सलाह लेने को कहा कुछ दिन बाद मैंने उस बच्चे के बारे में अपने मित्र से पूछा तो उन्होंने बताया कि बिशेषज्ञ के बताए अनुसार चलने से बच्चे ने मोबाइल देखना कम कर दिया है।

मेरा मानना है कि हमें बच्चों को कम उम्र में उनका अपना मोबाइल नहीं देना चाहिये जब तक बहुत ज्यादा आवश्यक ना हो

हम सभी को बच्चों के मोबाइल देखने की आदत को नियंत्रित करना ही होगा नहीं तो यह लत बन जाएगी जो उनके भविष्य के लिए खतरनाक हो सकती है बच्चो के तो कोमल अंग होते हैं इनकी आंखें हाथों और मस्तिष्क पर दुष्प्रभाव पड़ता ही है, बच्चो की तो छोड़िये बड़ों पर भी इसका विपरीत प्रभाव पड़ता है मैं खुद का एक अनुभव बताता हूँ कि जब मैं अपनी सीने वाली जेब में अत्यधिक देर तक मोबाइल रखता हूँ तो सीने में हल्की हल्की सी बेचैनी या दर्द सा महसूस होने लगता है और जब मैं मोबाइल हटा लेता हूँ तो ठीक हो जाता है तो ये हकीकत है कि मोबाइल से निकलने वाली शक्तिशाली तरंगे और रेडियेशन हमारे शरीर को नुकसान पहुंचाते ही हैं।

सोशल मीडिया पर सावधानी बरतें और समझदारी दिखाएं

आजकल जाने अनजाने लोग अपनी व्यक्तिगत जानकारी या कागजात तक सोशल मीडिया पर अपलोड कर देते हैं जबकि उन्हें ऐसा नहीं करना चाहिए बहुत लोग हैं जो गलत कमेंट और भाषा का इस्तेमाल करते हैं फिर बात इतनी बढ़ जाती है कि लोग उन्हें परेशान ट्रोल करने लगते हैं कई बार तो उन्हें कानूनी कार्रवाई का सामना तक करना पड़ता है। सोशल मीडिया हमें हमारे विचारों और हुनर को दुनियाँ तक पहुंचाने और लोगों के अच्छे विचारों और हुनर को देखने सुनने का अच्छा और शक्तिशाली माध्यम प्रदान करता है इसलिए इसका समझदारी से और सदुपयोग करना चाहिए इसी में हम सबकी भलाई है।

वायरल होने की टेंशन ना लें

सोशल मीडिया और रील के इस जमाने में हर कोई फेमस होना वायरल होना चाहता है लोग बड़े जोश के साथ वीडियो बनाते हैं मेहनत करते हैं और हर वीडियो को अपलोड करते ही उससे वायरल होने की उम्मीद लगाते हैं और जैसे ही वह वीडियो कुछ व्यूज पर रुक जाता है तो मायूस और दुखी हो जाते हैं जबकि लोगों को यह समझना होगा कि हर व्यक्ति या वीडियो वायरल नहीं होता आप अपना काम अच्छे से करें कमियों को सुधारें कॉन्टेंट क्वालिटी को बेहतर बनाएँ और अपनी खुशी के लिए खूब मेहनत के साथ अपना काम करते जाएं अधिक उम्मीद ना पालें वाइरल होने की चाहत में अपना सुख चैन न उजाड़ें सोचें कि वायरल होने से पहले भी तो आपका घर चल रहा था इसी से थोड़े ही घर चलेगा दाल रोटी और जरूरतें तो इसके बिना भी पूरी हो रही थीं हां उम्मीद रखना कोई गलत बात नहीं पर हद से ज्यादा उम्मीद रखना भी ठीक नहीं दूसरों को वायरल और कामयाब देकर दुख और ग्लानी होना स्वाभाविक है परंतु इसे अपने आप पर हावी ना होने दें खुश रहें कॉन्टेंट बनाते रहें ईश्वर ने चाहा तो आप भी 1 दिन वायरल होंगे पैसा कमाएंगे पर यह सोचकर दुखी ना रहें सकारात्मक नजरिये के साथ अपना काम करते रहें मैं यहाँ अपना उदाहरण बताता हूँ कि मैं कई सालों से वीडियो बना रहा हूँ पर अधिक सफळ नहीं हूं यह सोचकर मुझे भी कभी कभी दुख का अनुभव होता है पर फिर मैं यह सोचता हूँ कि जो है बहुत है ईश्वर हर काम के लिए हर किसी को नहीं चुनते तेरे लिए कुछ और सोच रखा होगा और यह सोचकर मैं फिर से सामान्य और खुश हो जाता हूँ तो दोस्तों आशा है आप इन बातों को समझकर अपने जीवन में उतारेंगे और अपना जीवन सवारेंगे।

मोबाइल और सोशल मीडिया से सकारात्मकता लें

मोबाइल और सोशल मीडिया को हम चलाएं वो हमें न चलाये यहाँ मैं उन गलत लोगों और बातों के बारे में कह रहा हूँ जिन्हें देख सुनकर कुछ लोग वैसा ही व्यवहार अपने परिवार और समाज में करने लगते हैं रील बनाने के चक्कर में युवा ऐसे खतरनाक स्टंट करते है कि जान चली जाती है ऐसे अनेक मामले आए दिन देखने को मिलते रहते हैं।

वहीं कुछ पुरूष व महिलाएं फेमस और वायरल होने की सनक में नग्नता और अश्लीलता से भरी रील बनाकर समाज में गंदे विचारों को बढ़ावा दे रहे हैं ऐसे लोगों को समाज और सरकारों के द्वारा रोका जाना चाहिए जिससे एक सभ्य और स्वच्छ समाज का निर्माण हो सके संक्षेप में कहूँ तो सोशल मीडिया बहुत सारी जानकारी ज्ञान और अच्छे लोगों से भरा पड़ा है परंतु चंद पैसौं के लालच में कुछ गलत क्रिएटर्स लोग और कंपनियां हमें और हमारे बच्चों को बिगाड़ने के लिए जुआ नशा हिंसा और अश्लीलता को बढ़ावा देते दिख रहे हैं हमें इनसे बचना होगा साथ ही अपने बच्चों को भी जागरूक और समझाकर इनसे बचाना होगा कहने को तो और भी बहुत सारी बातें हैं पर मैं यहाँ विषय को और अधिक बड़ा करके उबाऊ नहीं बनाना चाहता आप सब भी बहुत समझदार हैं और समझदार के लिए इशारा काफी होता है इसलिए दोस्तों इस अध्याय को यहीं बिराम देता हूँ और एक बार फिर मैं आपके सुखी और समृद्ध जीवन की कामना करता हूँ धन्यवाद।

अध्याय 22

आत्महत्या नहीं है समस्या का समाधान

आजकल के दौर में कुछ लोग छोटी-छोटी समस्याओं को लेकर दुख, डर या ग्लानी का अनुभव करने लगते हैं और उससे छुटकारा पाने के लिए वह आत्महत्या जैसे कदम उठा लेते हैं जोकि बहुत ही गलत है। हम सभी के जीवन में संघर्ष समस्याएं और कठिनाइयां तो आएंगी ही क्योंकि जीवन इसी का नाम है परेशानी के अनेक पल हमारे जीवन में आएंगे ही आएंगे यह तो जीवन का हिस्सा है इससे घबराकर डरकर हमें कभी भी ऐसा कदम नहीं उठाना चाहिए जिससे हमारा ज़ीवन बर्बाद हो जाए। हमेशा ध्यान रखिए ईश्वर हमारे लिए एक रास्ता बंद करते हैं तो वह 10 नए रास्ते पहले ही खोल देते हैं।

घर में दरवाजे ना हों ऐसा हो ही नहीं सकता

आप अपने बच्चों के लिए जब घर का निर्माण करते हैं तो क्या आप बगैर दरवाजे के घर बनाते हैं, क्या आपने कोई ऐसा व्यक्ति देखा है जिसने अपने और अपने बच्चों के लिए घर बनाया और उसने उसमें दरवाजा ना बनाया हो, नहीं ना तो फिर आप यह किस तरह समझ लेते हैं कि मेरे लिए सभी रास्ते और दरवाजे बंद हो चुके हैं। ईश्वर हम सबके पिता हैं वह हमारे लिए एक नहीं सैकड़ों रास्ते खोल कर रखते हैं और हमें यह

चुनने की आजादी देते हैं कि हम किसी भी रास्ते से निकल कर अपनी जीवन यात्रा को शुरू करें।

इसलिए कभी भी निराशा का समय हो तो उस समय कोई भी कदम ना उठाकर शांत हो जाना चाहिए आपको कुछ समझ नहीं आ रहा है आप अपने इष्ट देव का ध्यान कीजिए आप किसी यात्रा पर चले जाइए वहां दर्शन करिए घूमिये ध्यान लगाइए कुछ दिन या महीने यूं ही निकालिए और आप पाएंगे कि आप पहले से शांत हैं और अब वह रास्ता ढूंढिये जो ईश्वर ने आपके लिए खोल रखा है निश्चित ही वह आपको दिखेगा और फिर से चल पड़िये अपने जीवन पथ पर अपनी सफलता की मंजिल की ओर।

जब भोगना ही है तो हंस कर भोगें

कर्म फल मिलता है तो फिर हंसकर भोगें भारतीय सनातन दर्शन यह कहता है कि हमें अपने कर्म फल को भोगना ही पड़ता है फिर चाहे वह इस जन्म में भोगें या फिर अगले जन्म में पर हम अच्छे कर्म मेहनत और हिम्मत से कार्य करके अपने बुरे वक्त को बदल भी सकते हैं जैसा कि महान कवि तुलसीदास जी ने श्री रामचरितमानस में कहा है कि "कर्म प्रधान विश्व करि राखा जो जस करहिं सो तस फल चाखा" इसका मतलब है कि कर्म ही प्रधान है और व्यक्ति जैसा कर्म करता है वैसा फल पाता है।

-☀- आत्महत्या कभी न करें

आज हम जिन परेशानियों में हैं वह हो सकता है हमारे पिछले जन्म के कर्म हों और इन परेशानियों से छुटकारा पाने के लिए हम फिर मरना चाह रहे हैं मगर वह कर्म तो हमारे पीछे ही हैं, इसीलिए वह हमारे अगले जन्म में भी हमें परेशान करेंगे तो क्यों ना हम इसी जन्म में उस कर्म फल को खत्म करके अच्छे कर्म फलों को प्राप्त करने के लिए प्रयास और तेज कर दें यही हमारे लिए हितकर होगा। इसलिए परेशानियों और समस्याओं से डर और निराश होकर हमें आत्महत्या नहीं करनी आत्म मंथन करना है, आत्म चिंतन करना है, और अपने उस महान ईश्वर का वंदन करना है, वह हमें हर समस्या से निकलने का रास्ता अवश्य दिखाएंगे ऐसा मेरा विश्वास है। इसलिए आत्महत्या का विचार सदा सर्वदा के लिए त्यागें और अपने मन से जागें

-☀- क्या फिर से पहली क्लास में पढ़ना चाहते हो

देश दुनियाँ में एक कहानी बहुत प्रचलित है शायद आप में से बहुत लोगों ने सुनी भी होगी परंतु में इस नई पीढ़ी के लिए यहां फिर से लिख रहा हूं ताकि वह भी इससे कुछ सीख और समझ सकें एक बार एक व्यक्ति बारहवीं क्लास में फेल हो गया तो वह दुखी होकर आत्महत्या के विचार से नदी में डूबने के लिए नदी की तरफ जा रहा था रास्ते में उधर से एक साधु स्नान करके आ रहे थे उन्होंने उस व्यक्ति से पूछा बेटा कैसे दुखी से लग रहे हो उस व्यक्ति ने सारा हाल उन साधु को बता दिया साधु महाराज

ने कहा बच्चे कर्म फल तो भोगना ही होगा तो फिर अगले जन्म में और फिर उससे अगले जन्म में भी अपने कर्मों के अनुसार सुख और दुख को भोगना पड़ेगा। अभी तुम जिस पढ़ाई और परीक्षा के डर से दुखी होकर भाग रहे हो क्या तुम फिर से पहली क्लास से पढ़ाई शुरू करना चाहते हो युवक ने कहा मैं समझा नहीं तो महात्मा जी ने बताया कि बेटा इस जन्म में जो कर्म फल आप बिना भोगे जाना चाहते हो वह फिर आपको अगले जन्म में भोगना ही पड़ेगा फिर से तुम्हें यह सब परेशानी के साथ अनेक वर्ष बिताने ही पड़ेंगे फिर से तुम्हें पीछे दी गई परीक्षाएं देनी ही पड़ेगी। यह सुनकर युवक ने कहा कि मैं अब नहीं मरूंगा मैं फिर से अपने जीवन के 12 साल नहीं बिगाड़ना चाहता मैं यही परीक्षा दोबारा दे दूंगा कामयाब नहीं हो पाऊंगा तो कोई और क्षेत्र चुन लूंगा पर अब कभी आत्महत्या नहीं करूंगा। इस प्रकार बातचीत और ज्ञान प्राप्ति से एक निराश व्यक्ति ने अपना जीवन बचा लिया आप भी अपनी समस्याओं को अपने बड़े बुजुर्गों और ज्ञानी जनों से शेयर करें उनके पास अवश्य ही आपकी समस्या का समाधान होगा लेकिन आप अपनी समस्या को खुद से ही सोच कर और किसी से सलाह न लेकर बडा न बनाएं और कोई भी निर्णय अपने आपसे ना लें आप अपनों से बात करेंगे तो निश्चित ही आपको समस्या का समाधान मिल जाएगा। तो फिर चलिए बात करिए जानिए और अपने आपको पहचानिए। यकीन मानिए आप वह हैं जो ब्रह्मांड में कोई दूसरा नहीं है आपको पता तो होगा कि आपके फिंगरप्रिंट दुनियाँ में किसी और दूसरे व्यक्ति से नहीं मिलते इसीलिए क्योंकि आप सबसे अलग और निराले हैं आप सब कुछ कर सकते हैं ऐसा विश्वास करिए, और कभी भी आत्महत्या नहीं करिए।

☀ आप अपने मन के मैदान में कौन सी टीम रखते हैं

जी हां यह जो आपका शरीर है यह एक खेल का मैदान है। यहां अलग-अलग तरह के लोग अलग-अलग मानसिकता के लोग खेलने आते हैं। यह आपके ऊपर निर्भर करता है कि आप किसे खिलाना चाहते हैं और किसे भगाना चाहते हैं।

आपके मन के मैदान में यहां दो टीमें आपस में खेलती हैं टीम A और टीम B आईए देखते हैं इन खिलाड़ियों को -

टीम ए जिताने वाले	**टीम बी हराने वाले**
ज्ञान	अज्ञान
खुशी	दुख
भाग्य	दुर्भाग्य
आत्मबल	आत्मदुर्बलता
आशा	निराशा
साहस	डर
जीत	हार
यश	अपयश

उपरोक्त सभी खिलाड़ी अपने और भी साथियों के साथ हमारे अंदर खेलते और लड़ते रहते हैं अब हमें तय करना है कि हमें किस टीम की तरफ रहना है और किस टीम को हराना है अधिकतर टीम ए हमारे अंदर अधिक बार जीतती है परंतु कभी - कभी टीम ए हमारी कमी और ना समझी और सपोर्ट ना होने की वजह से हारने लगती है और टीम बी को

मौका मिल जाता है हावी होने का और वह हमारे मन के मैदान में गलत करने लगती है और फिर हम उसके वशीभूत हो जाते हैं।

इसलिए हमें सावधानी पूर्वक अपने मन के मैदान में इस टीम बी के गलत खिलाड़ियों को हराकर के रखना है इनको सांस नहीं लेने देनी है इनको अपने ऊपर हावी होने का मौका नहीं देना है क्योंकि हमें जिताना है टीम ए को जो हमारे जीवन को बनाएगी जो हमारे जीवन को हमारी मंजिल तक पहुंचाने में हमारी मदद करेगी।

कोशिश करें कि टीम बी को अपने मैदान से भगा ही दें अब आप सोचेंगे कि फिर इस टीम ए से कौन खेलेगा तो फिर टीम ए को ही दो भागों में बांट दें और उनको ही खेल खिलाएं टीम बी से कोई प्रतिस्पर्धा ही ना रखें टीम बी को अपने मन के मैदान में खेलने का मौका ही ना दें यह सबसे हितकर होगा इस प्रकार टीम ए हमारी समस्याओं का समाधान भी निकालेगी हमें खुश भी रखेगी हमें तरक्की के रास्ते पर भी ले जाएगी। याद रखना टीम बी के खिलाडी शांत नहीं बैठेंगे वो बार बार आपके मन के मैदान पर कब्जा करने आयेंगे, आपको भटकायेंगे, डरायेंगे, आपके काम अटकायेंगे पर आपको इनके झांसे में नहीं आना।

मुझे आशा है कि आप इस उदाहरण से समझ गए होंगे और टीम ए को ही अपने मन के मैदान में खेलने देंगे। आशा है टीम ए की ताकत से ही आप टीम बी को हरायेंगे, और अपने जीवन की जीत का विश्व कप अपने हाथ में लेते हुए खुशी और जश्न मनायेंगे, ऐसा मेरा विश्वास है।

आत्महत्या से बचाव की सच्ची घटना

जब हम निराशा और परेशानियों से घिरा महसूस करने लगते हैं तो अनेकों बार हमारे मन में आत्महत्या का विचार आ जाता है ऐसा मेरे खुद के साथ भी कई बार हुआ है मगर एक दिन मैंने सोचा कि मानले तू मर गया अब इससे ज्यादा तेरा क्या होगा क्योंकि मैं मानता हूं कि-**मौत से बड़ा लॉस और खुद से बड़ा बांस कोई नहीं होता**, और उसी दिन से मेरा जीवन पलट गया फिर मैंने आत्महत्या के विचार को कभी अपने ऊपर हावी नहीं होने दिया और सोचा कि चल अपने आपको मरा मान ले और अब प्रयास कर अपने जीवन को आगे बढ़ाने के अब क्या खोना और क्या पाना अब इससे ज्यादा तेरा क्या नुकसान होगा लेकिन अब तू देख इस दुनियाँ को कि क्या-क्या है जिसे तू बगैर जाने और देखे मर जाता यकीन मानो उसके बाद ना कोई दुख हावी हुआ ना कोई परेशानी बाकी जीवन में आज तक नित नये खट्टे मीठे कड़वे अनुभव कर रहा हूं पर अब वही बात याद करके सब कुछ झेलकर इनसे निकल कर फिर अपने जीवन यात्रा के नए पथ पर चल देता हूं लेकिन अब कभी आत्महत्या की नहीं सोचता और यकीन मानिए जीवन दिन पर दिन खूबसूरत और सुखमय होता जा रहा है और सबसे बड़ी बात यह है कि आप यह किताब पढ़ और सुन नहीं रहे होते। तो प्यारे दोस्तो इसलिए आप कभी भी कितने भी संकट में पड़ जायें पर कभी आत्महत्या का विचार मन में ना लायें दोस्तों जीवन बहुत खूबसूरत है मेहनत करिए आगे बढ़िये यकीनन आपको अपनी मेहनत का फल मिलेगा और आपकी भी किस्मत का सूरज एक दिन जरूर खिलेगा।

अपना खेल और मैदान ढूंढिये चुनिए

यकीन मानो दोस्तों आपको दुनियाँ में किसी न किसी खास मकसद के लिए भेजा गया है आप उसे खोजिए करिए, सफल नहीं हुए दूसरा करिए, तीसरा करिए, दिक्कत क्या है यह जीवन खेल का मैदान है हजारों खेल हैं कोई खेल तो आपको ऐसा मिल जाएगा जो आपको पसंद होगा पर शायद आप उसे अच्छे से ना खेल पा रहे हों तो कोई बात नहीं दूसरा ट्राई कीजिए तीसरा ट्राई कीजिए चौथा पांचवां एक दिन वह खेल मिल जाएगा जिसे आप खुशी से खेल भी पाएंगे और जीत भी जाएंगे नहीं भी जीते तो क्या अगले जन्म में जीतेंगे।

यह खेल खिलाड़ी सब यहीं रह जाने हैं, हम सब खाली आए थे और आखिर में खाली चले जाने हैं, पर उससे पहले जो कार्य और जिम्मेदारी एवं दायित्व हमें ईश्वर ने दिया है वह हमें पूरी ईमानदारी और मेहनत के साथ निभाना ही होगा ताकि ईश्वर के सामने जब हमारे अपने कर्मों का लेखा-जोखा देखा जाएगा तब वहां हमें पछताना न पड़े क्योंकि वह हमारे खेल और कर्मों के आधार पर फिर से कोई न कोई जिम्मेदारी और दायित्वों को सौंप कर हमें इस संसार में भेज देंगे और यह सिलसिला अनंत काल तक ऐसे ही चलने वाला है।

आपको याद तो होगा कि बचपन में गुरुजी जो काम देते थे वह करवाकर ही मानते थे चाहे एक दिन में करो, दो दिन में करो, तीन दिन में करो, बस ऐसे ही हमें कार्य करना ही होगा जब तक हम अपनी जिम्मेदारी, मेहनत और कर्म से भागेंगे तब तक ईश्वर वह करवाने के लिए हमारे पीछे लगे रहेंगे। क्योंकि वह हमें जीवन का नया अनुभव दिखाना, सिखाना और इस जीवन रूपी फल का स्वाद चखाना चाहते हैं ।

इसीलिए आत्महत्या नहीं आत्म मंथन करो फिर एक बार नया रास्ता ढूंढो और नई उम्मीद और आशा के साथ उस पर चल पड़ो
निश्चित ही कटेगी दुख की रात और होगी सुख और समृध्दि भरे दिन की शुरुआत ।

☀ बच्चे युवा छात्र आत्महत्या नहीं करेंगे

अक्सर हम अपने बच्चों से इस तरह की बातें करना अशुभ मानते हैं अपने घरों में यह बात नहीं करना चाहते जबकि हमें इस विषय पर अपने बच्चों से खुलकर बात करनी चाहिए ।
मैं मानता हूं कि कुछ बच्चे छात्र आत्महत्या अपने माता-पिता की बढ़ती अपेक्षा और पढ़ाई के दबाव के साथ-साथ घर से दूर बदलते परिवेश वहां के लोगों के कठोर व्यवहार और अकेलेपन आदि की वजह से कर रहे हैं

माता-पिता यह समझें कि आपको उनका करियर महत्वपूर्ण दिखता है माना, मगर उस करियर से भी महत्वपूर्ण आपका बच्चा और उसका जीवन है इसलिए बच्चों को प्यार से समझें हर समस्या पर उसके साथ खड़े रहें अत्यधिक अपेक्षा और दबाव न बनाएं जिस फील्ड में अपने बच्चों को भेजना है उसके अलावा भी हजारों और भी फील्ड है वह कहीं भी जगह बना लेगा, कमा खा लेगा वहां भी जाकर दुनियाँ पर छा लेगा।

इसलिए यह मत देखिए कि पड़ोसी और रिश्तेदारों के बच्चे ऐसा कर रहे हैं तो आपके बच्चे को भी ऐसा करना चाहिए, इस वजह से बच्चे पर अनावश्यक दबाव न बनाएं आप बच्चे को पूर्ण सुविधा दीजिए बच्चा अपना पूर्ण प्रयास करे परिणाम जो भी आए उसे सहर्ष स्वीकार कीजिए।

मुझे लगता है कि माता-पिता के साथ-साथ हमारे समाज में इस बदलाव और सोच की बहुत आवश्यकता है अगर ऐसा होता है तो फिर समाज में इस प्रकार की घटनाओं में भी निश्चित तौर पर कमी आएगी।

जागरूक बनें एवं औरौं को भी करें

मैं यहां सिर्फ आपको चिकनी चुपड़ी बातें और ज्ञान नहीं देना चाहता मैं जो कह रहा हूं क्या मैं उसे अपने जीवन में कर रहा हूं और हां तो यह सबसे अच्छा है इसका एक उदाहरण मैं आपको देता हूं कि अभी कुछ दिन पूर्व मेरा बेटा परीक्षा में 80% नम्बर के साथ पास हुआ हमने यह नहीं कहा कि और अधिक नंम्बर आने थे यह कम आए बल्कि हमने पूरे दिल से खुशियां मनाईं और उसे और अधिक मेहनत करने के लिए प्रेरित किया। वहीं मैंने देखा उसके एक दोस्त के उससे भी कुछ अधिक परसेंट थे लेकिन उसके माता-पिता ने कोई खुशियां नहीं मनाईं कोई मिठाई नहीं बांटी क्योंकि वह उनकी अपेक्षाऔं पर खरा नहीं उतरा था ऐसा करके उन्होंने वर्तमान में मिलने वाली खुशी को खत्म कर दिया और उस बालमन को भी ठेस पहुंचाई।

बच्चा भविष्य में क्या करेगा क्या पाएगा यह भविष्य ही जानता है इसीलिए मैं कहता हूं छोटी-छोटी खुशियों को सेलिब्रेट कीजिए बच्चों को मोटिवेट कीजिए। बाकी उनका जीवन बहुत बड़ा है वह जो भी करेंगे अच्छा ही करेंगे और उनके साथ अच्छा ही होगा ऐसा मेरा विश्वास है। एक बार फिर से मैं आपके सुखी और समृध्द जीवन की कामना करता हूं और आशा करता हूं कि आप इन बातों को समझकर अपने जीवन में उतारेंगे और अपना जीवन और सवारेंगे धन्यवाद।

अध्याय 23

सादर समर्पण

प्यारे दोस्तो अब जब इस पुस्तक का पहला भाग अपने अंतिम पड़ाव पर है तो मैं यहां सबसे पहले अपने पिता श्री दलवीर सिंह रावल जी और माता श्रीमती श्री देवी जी के साथ-साथ सभी गुरुजनों और परमपिता परमेश्वर को यह पुस्तक समर्पित करते हुये सभी को नमन, वंदन और हृदय से अभिनंदन करता हूं।

अपनी प्रेरणा के मुख्य स्त्रोत अपने दादा जी स्व.श्री डालचंद मुनीम जी और अपने नाना जी स्व.श्री मास्टर केहरी सिंह आर्य जी को शत शत नमन करता हूं जिनसे किस तरह कम संसाधनों, और शिक्षा के होते हुये

भी सादगी, सत्यता, मेहनत और उच्च विचारों के दमपर जीवन में आगे बढा जा सकता है ऐसी सीख और ज्ञान का खजाना प्राप्त हुआ। इन सभी की कृपा, ज्ञान और आशीर्वाद से ही इस पुस्तक का लेखन कार्य संपन्न हो सका है।

मैं एक लेखक के तौर पर बस निमित्त मात्र हूं और कुछ नहीं दोस्तों जीवन में हम जो भी करते हैं जो भी सफलता पाते हैं उसमें हमारा नहीं बल्कि अनेक लोगों के साथ-साथ अनेक अदृश्य शक्तियों का भी सहयोग होता है मैं यहां उन सभी का आभार और क्रतज्ञता प्रकट करता हूं जिन्होंने मुझे यह शक्ति प्रदान की।

आप इस पुस्तक के अंतिम अध्याय पर हैं आपने मुझे यहां तक पढ़ा मेरी अच्छी बुरी बातों को झेला और यहां तक मेरा साथ दिया इसके लिए मैं आप सभी का सदैव आभारी रहूंगा।

दोस्तो कोई भी कार्य अकेले कभी नहीं होता कहीं ना कहीं किसी न किसी रूप में ईश्वर माता-पिता गुरुजनों और शुभचिंतकों का दृश्य और अद्रश्य रूप में साथ जरूर होता है मुझे यहां एक कहानी याद आती है -

हमारी सफलता में सबका साथ होता है

एक गरीब व्यक्ति ने अपने बच्चे की प्रतिभा को पहचान कर उसे कड़ी मेहनत करके खूब पढ़ाया लिखाया खुद दुःख और अभाव और परेशानियों में रहते हुए भी लोगों से कर्ज और उधार पैसे लेकर अपने बेटे की शिक्षा के लिए पैसे खर्च किए एक दिन वह बेटा बहुत बड़ी

एयरलाइन में पायलट बन गया एक दिन वह जब अपने घर आया तो पिता से बोला कि देखो पिता मैं अब हवाई जहाज उडा रहा हूं मगर आप तो साइकिल पर ही रह गए देखो भगवान ने मेरी प्रार्थना सुन ली यह सुनकर पिता तो चुप रहे मगर उसी समय आकाशवाणी हुई कि अरे मूर्ख मैंने तेरी कोई प्रार्थना नहीं सुनी तो उस व्यक्ति ने कहा कि फिर यह सब कैसे हुआ तो आकाशवाणी ने कहा कि यह सब तो तेरे माता-पिता के आशीर्वाद और प्रार्थनाओं का फल है उन्होंने ही मांगा था कि हम चाहे साइकिल पर ही चलते रहें मगर हमारा बेटा हवाई जहाज का पायलट बनकर आसमान में उड़े यह सुनकर बेटा बहुत लज्जित हुआ और उसने अपने माता-पिता से क्षमा मांगी।

दोस्तों कहानी का सार यही है कि हम जो भी हैं जहां भी हैं जिस भी अच्छी स्थिति में हैं वह हमारे माता-पिता, गुरुजनों, और शुभ चिंतकों की दुआओं, प्रार्थनाओं और आशीर्वादों की वजह से ही हैं इसलिए- सभी का धन्यवाद करते रहिए, सकारात्मक बने रहिए, मेहनत करते रहिए, और जीवन पथ पर आगे बढ़ते रहिए, यकीन मानिए एक न एक दिन आप अपनी मंजिल को प्राप्त कर ही लेंगे ऐसा मेरा विश्वास है।
बहुत सारी बातें हैं बहुत सारे विषय हैं जो इस पुस्तक में नहीं लिख पाया उन्हें अगले भाग में लाने की कोशिश करूंगा और एक बार फिर मैं आपके प्यासे मन में ज्ञान की कुछ बूंदे भरने की कोशिश करूंगा। प्यारे दोस्तो इस पुस्तक से आपके जीवन में कुछ प्रतिशत भी बदलाव आता है तो मैं अपने लेखन को सार्थक मानूंगा आप सभी के मन खुशियों से भरे रहें ऐसी कामना करता हूं।

दोस्तों पुस्तक में मेरी किसी भी बात से आपको कोई दुख पहुंचा हो तो मुझे क्षमा करना मुझे आशा है कि आप मुझे अपना समझ कर अवश्य क्षमा करेंगे आपने मुझे यहां तक पढ़ा समझा इसके लिए मैं आपका सदैव आभारी रहूंगा।

ईश्वर ने चाहा और आप सभी की दुआएं और आशीर्वाद रहा तो मैं पुस्तक का अगला भाग भी जल्द आप लोगों तक लेकर आऊंगा जिसमें सुखी जीवन की नयी परिभाषा के साथ उन आवश्यक बिषयों पर विस्तार से बात होगी जो हम सभी के सुखी जीवन के लिये अति आवश्यक हैं।

करो कोशिश यहाँ पर मन लगाकर ये समझलो तुम
किसी हालात से डरके कहीं होना नहीं है गुम
अगर बढ़ने की है चाहत तुम्हें जीवन में आगे तो
भरो हिम्मत चलो उठकर नहीं बैठो यहाँ गुम सुम

ऐसी अनेक प्रेरक रचनायें हमारे यूट्यूब इंस्टा और फेसबुक चैनल पर सुन और पढ़ सकते है चैनल लिंक पुस्तक के अंतिम पेज पर हैं।

☀ प्यारे दोस्तों आज्ञा दें ☀

प्रिय दोस्तो आपको यह पुस्तक कैसी लगी, आपके जीवन में क्या कुछ प्रतिशत बदलाव हुआ, आप मुझे पुस्तक के बारे में अपनी प्रतिक्रिया और सुझाव मेरे शोसल मीडिया चैनल और पेज पर कमेंट करके बतायें या ईमेल करें मुझे आपकी प्रतिक्रियाऔं का इंतजार रहेगा।
एक बार फिर आपके सुखी और समृध्द जीवन की कामना करते हुए आपसे विदा चाहता हूं तो दोस्तो पुस्तक के अगले भाग में फिर मिलूंगा तब तक के लिए मुझे आज्ञा दीजिए, अपना ख्याल रखना मेरे दोस्तो आप सभी को सादर नमस्कार,प्यार और बहुत-बहुत धन्यवाद ।

लेखक एवं संम्पादक – शिवकुमार रावल

Shiv Kumar S/O Dalvir Singh Rawal

Mahamai Salavat Nagar

Sikandra Rao. Hathras

Uttar Pradesh. India

Pin : 20 4215

EMAIL : naturalnature242@gmail.com

कोई मुश्किल कोई बाधा नहीं हिम्मत से बढ़ करके

हारतीं मुश्किलें हर दम यहां साहस से लड़ करके

तुम्हारे हौसले हिम्मत जितायें एक दिन तुमको

आत्मशक्ती से पाओ मंजिलें रस्ते पे बढ़ करके

ऐसी अनेक प्रेरक रचनायें हमारे यूट्यूब इंस्टा और फेसबुक चैनल पर सुन और पढ़ सकते है चैनल लिंक पुस्तक के अंतिम पेज पर हैं।

www.ingramcontent.com/pod-product-compliance
Lightning Source LLC
LaVergne TN
LVHW100324210926
848480LV00003B/1245
* 9 7 9 8 9 0 1 1 2 4 3 5 2 *